그래서 운동

[운동]과 실(전)력

크로스핏, 운동하는 마음

그래서 운동

이슬기 지음

글이출판

추천사 1

무엇이든 꾸준히 한 사람의 몸짓에서 느껴지는 우아함을 사랑한다. 꾸준히 무언가를 해온 사람의 몸짓은 단시간에 흉내 낼 수 없다. 20년간 만두를 빚어온 만두 장인의 손놀림에서, 오랜 기간 달리기를 해온 지인의 단단한 걸음걸이에서, 그리고 이슬기 작가의 몸과 글에서 그것을 느낀다.

글을 읽는 동안 당장이라도 뛰쳐나가 운동하고 싶은 욕망을 잠재워야 했다. 수년째 운동을 하고 있지만 생각해 보지 않았던 내가 운동을 계속하는 이유를 톺았다. 운태기가 슬금슬금 고개를 내밀 때 나는 어김없이 이 책을 다시금 꺼내 들 것이다. 이 책은 운동하고 싶은 사람, 운동을 즐기는 사람 모두에게 운동의 참맛을 글로 느끼는 즐거움을 선사할 것이다.

한편 끊임없이 외모에 초점을 맞추는 세상에서 그녀가 가진 신체에 대한 건강한 인식이 많은 여성 운동인에게 좋은 영향력을 줄 것이라고 믿는다. 몸은 행동하는 존재라는 건강한 인식을 가지고 있는 그녀와 이 책의 미래를 힘차게 응원한다.

_배우리(《파티용 컵》 저자, 크로스핏을 사랑하는 직장인)

추천사 2

치열한 삶을 설레는 삶으로 바꾸어 준 운동에 대한 마음을 잘 표현한 책. 한국에서는 보통 운동한다고 하면, 다이어트 하는구나? 닭가슴살 먹겠네? 와 같은 대답을 돌려받곤 해요. 운동은 분명 다이어트 그 이상의 가치를 가지고 있고, 우리의 삶과 참 많이 닮아 있는데 말이죠.

운동을 시작하며 자연스럽게 바뀐 작가님의 몸 건강과 마음 건강 이야기를 읽어 내려가다 보니 '건강한 신체에 건강한 정신이 깃든다'라는 말이 계속해서 떠올랐어요. 운동이 단지 멋진 몸매를 만들기 위한 수단이 아니라, 내가 성장하고 발전하는 수단이 될 수 있다는 것을 작가님의 경험을 통해서 잘 표현해 주셔서 저의 회원님들에게도 꼭 추천하고 싶은 책이에요.

운동이 좋다길래 하긴 해야겠는데, 왜에 대한 해답을 찾지 못한 분들이라면, 가벼운 마음으로 꼭 한번 읽어 보셨으면 하는 책입니다. 다이어트만을 위해서 운동을 하는 게 아니구나하고 느끼며 운동을 너무나도 시작하고 싶어지실 거예요.

_문도경(운동을 사랑해서 운동을 가르치는 코치)

어릴 적부터 나는 잔병치레 없이 건강했다. 나와 달리 허약한 친구를 보면 종종 부러웠다. 어쩌다 몸이 아파 며칠을 결석하고 돌아온 친구는 반 친구 모두의 걱정과 챙김을 받았다. 나는 늘 아파서 결석한 친구에게 숙제를 알려주고 필기한 것을 보여주는 쪽이었다. 나도 때론 걱정을 받고 싶었지만 그런 기회는 좀처럼 오지 않았다. 30대를 보내는 중인 지금은 절대 이런 생각 안 하겠지만, 어렸던 10대 시절엔 '나도 좀 아파보고 싶다'고 자주 생각했다.

그래서 운동

그렇다고 내가 무쇠 팔 무쇠 다리를 지닌 로봇처럼 튼튼하기만 한 건 아니었다. 아파보고 싶다는 철없는 바람 때문이었는지 몰라도 간혹 감기에 걸리거나 속에 탈이 나기도 했다. 문제는 내가 아프다는 사실을 주변에선 잘 알아차리지 못했다는 것이다. 얼굴이 새하얗게 질리거나 식은땀이라도 흘리면 '쟤, 아프구나' 했을 텐데, 나는 아프건 안 아프건 안색에 큰 차이가 없었다. 분명 나도 몸살 때문에 몸이 으슬으슬 춥고 힘이 빠지는데 친구들은 평소와 뭐가 다른지 잘 몰라주니 그게 속상했다. 그래서 일부러 눈썹과 입꼬리를 축 늘어뜨리고 더 아픈 표정을 짓기도 했다.

고등학교 3학년 겨울에는 아빠에게서 처음 술을 배웠다. 가끔 하던 저녁 외식 때 아빠는 내게도 소주잔을 건넸다. 소주의 쓴맛이 목구멍을 타고 술술 넘어갔다. 겨우 한 잔이었지만 난 취한다는 느낌을 받거나 얼굴이 확 달아오르는 증상 하나 없었다. 술을 마시지 않았을 때와 별반 차이 없는 상태로 나의 첫 술자리는 싱겁게 끝났다. 참고로 세 살 터울의 오빠는 맥주 한 잔만 마셔도 얼굴이 벌겋게 달아오르고 취기가 올라온다.

그 후 성인이 되고 합법적으로 술을 마실 수 있게 되자 매일같이 술자리에 참석했다. 친구, 선배, 교수, 썸남 들은 내게 종종 이런 말을 했다. "술을 제법 마셨는데 얼굴색이 하나도 안 변하네?" 정확히 나의 주량이 얼마나 되는지 모른다. 엄청난 애주가도 아니거니와 일부러 취할 정도로 많이 마신 적도 잘 없다. 물론 기분이 좋아 많이 마시면 알딸딸하게 머리가 핑- 도는 기분이 든다. 그러면 내가 취했다는 사실은 나만 안다. 함께 술을 마시는 사람들에게 나는 취한 걸 잘 숨기는 편이고, 얼굴색도 그대로이니 웬만해서 사람들은 내가 취한 걸 잘 눈치채지 못한다.

나는 20대의 대부분을 건강한 체질과 알코올을 잘 분해하는 능력을 즐기며 보냈다. 이 능력을 타고난 것으로 생각했다. 건강을 신경 쓰지 않고도 아픈 데 하나 없이 튼튼했고, 먹고 싶은 걸 마음껏 먹고 마셔도 탈 나지 않았으며,● 간혹 학업이나 업무로 혼자서,

---

● 빵을 너무 좋아해서 삼시 세끼 밥 대신 빵을 먹을 정도였다. 밀가루를 그렇게 먹어대도 소화에 문제없는 나를, 한 친구는 무척 부러워했다.

때론 친목을 도모하려 사람들 틈에서 밤새 깨어
있어도 피로감이 거의 없었다. 나는 내 체력과 건강에
자신만만했다.

    하지만 건강이란 타고난 체질 같은 게 아니었다.
이걸 알아채는 데는 내가 살아갈 인생을 통틀어
보면 그리 오래 걸리지 않았다. 겨우 20대 후반에서
30대가 될 무렵이었다. 독립생활을 시작하고 살아가는
환경이 꽤 많이 바뀌면서 나는 스스로 더 이상 건강
체질이라고 자신할 수 없게 되었다. 환절기만 되면
코가 간지럽고 목이 칼칼했으며 간혹 여름에도 감기에
걸렸다. 아무리 많이 먹어도 문제없던 소화 기능도
삐거덕댔고, 가끔 이름 모를 두통에 시달리며 목, 어깨,
허리가 무시로 아프기 시작했다. 건강이란 어쩌면
청춘의 다른 말은 아니었을까.

    이쯤 나이를 먹고 나니 아픈 게 티가 나고 안 나는
것은 하등 문제가 되지 않았다. 또한 술을 잘 마시고
못 마시고를 떠나서 술 마신 다음 날이면 그렇게
피곤할 수 없었다. 사회생활에 연차가 쌓이고 점점
생활 방식이 굳어져 가면서 관리의 중요성이 새삼
커졌다. 아무렇지도 않게 밤을 새울 수 있는 체력이란

이제 더는 없다. 건강도, 체력도 관리가 절실해졌다. 그러려면 삶의 태도를 바꾸어야 했다.

　그때는 삶의 태도를 바꾼다는 게 무엇인지 몰랐다. 지나고 보니 내가 운동을 만나고, 운동을 꾸준히 하게 된 것이 바로 삶의 태도를 바꾸는 일이었다. 나는 운동과는 거리가 먼 인간이었다. 가끔 운동을 하긴 해도, 몇 개월, 한 달, 며칠이면 지겹고 하기 싫었다. 내 일상에서 운동은 참으로 정붙이기 힘든 것이었다. 그런 운동이었는데, 30대를 맞이한 새해에는 달랐다. 운동에도 시절인연이 있는 걸까? 힘들어서 그토록 하기 싫던 운동이 힘들어서 재밌어지는 경험을 했다. 할 땐 힘들다는 마음이 온몸을 무겁게 눌러댔지만 하고 나면 그 어느 때보다 가벼움과 상쾌함을 느꼈다. 땀을 흘리고 몸을 움직이고 나면 몸과 마음이 평온해지고 가벼워지는 것이 신기했다.

　힘들어서 재밌어진 운동. 나는 운동 덕분에 새로운 내 모습을 발견했다. 아플 땐 그렇게 아픈 티가 나지 않고, 술을 마실 땐 그렇게 마셔도 취한 티 하나 안 나더니 운동은 달랐다. 내 몸은 누가 봐도 운동한 사람 티가 났다. 있는지도 몰랐던 근육들이 '나 여기

있소'라며 자기주장을 했다. 원래도 마른 몸은 아니었고 하체가 튼튼한 데다 운동을 한 후론 상체에도 근육이 붙기 시작했다. 어깨가 넓어지고, 등이 벌어졌으며, 전완근은 갈라지고, 승모근이 솟아올랐다. 몸에 근육을 장착하는 기분이 나쁘지 않았다. 덕분에 더 재밌게, 오랫동안 운동을 지속하는 힘을 얻었다.

나는 내가 이렇게 운동한 티가 팍팍 나는 사람인지 몰랐다. 시쳇말로 '근수저'일지도 모른다는 생각이 들었다. 운동을 열심히 하기 시작하자 덩달아 체력도 좋아졌고 감기 바이러스조차 내 몸은 피한다는 착각도 들었다. 운동이 내 몸에 남긴 흔적 덕분에 표정에도 생기가 돌았다. 자신감이 생겼다. 어느덧 운동은 내 일상에 들어와 '꾸준하게'라는 수식어가 붙었다.

운동의 시작은 건강과 체력을 관리한다는 명목이었지만 그보다 더 많은 것을 내게 주었다. 나에게 있는 줄도 몰랐던 근육을 만나게 해주었고, 운동을 취미로 즐기게 되었으며, 복잡하고 무거운 마음에 휴식을 선사했다. 운동은 내가 타고나지 않은 많은 것들을 새롭게 바라볼 기회를 주었다. 이런 운동을 어찌 좋아하지 않을 수 있을까. '그래서' 이토록

'운동'을 얘기하고 싶은 것일지도 모른다.

>2023년 뜨거운 여름
>
>이슬기

그래서 운동

프롤로그

'뭐 이리 힘든 운동이 다 있어?'
크로스핏을 만나고
안 쓰던 근육을 썼더니
매일 좀비처럼 걸어다녔다.

정복하고 싶었다.
크로스핏, 너
딱, 기다려라.

그래서 운동

점점 제대로 된 자세를 취하고
정확하게 몸의 자극을 받았다.
분명 처음보다 잘하게 되었다.

두 달 쯤 되었을 때
문득 이런 생각이 들었다.
'분명 나아졌는데,
왜 처음보다 더 힘든 걸까?'

그래서 운동

코치에게 물었다.
"크로스핏은 왜, 하면 할수록 더 힘들까요?"

그래서 운동

"그게 스스로가 발전하고 있다는 증거에요.
다른 운동은 일주일 만에 다 파악하니까
재미도 덜하고 노력도 덜하기 마련인데,
크로스핏은 매번 다른 운동을 하고
또 동작을 잘하게 될수록 난이도가 높아지는
운동이라 성장하는 게 눈에 보이거든요.
그러니까, 지금 잘하고 있다는 증거에요."

들어가며	9
프롤로그	17
처음 느껴보는 떨림, 근육통	27
운동계의 뷰티인사이드	35
다이어트의 추억	43
천천히, 빠르게, 쉬지 않고	51
기록으로 보는 몸의 발자취	59
철봉과 굳은살	67
역도와 황도복숭아	75
오늘도 득근득근	83
달리는 순간	89
운동 중독과 운태기	97
쇼핑의 즐거움	107
방심과 집중	113
좋은 지도	121
박스에서 만난 빌런	127
나의 운명 공동체	137
조기축구회 나가는 아빠	145
스트롱 뷰티	155
이만한 반려 운동	165
에필로그	172

*본문 소제목 위에 들어간 일러스트 이미지는 flacticon.com에서 가져왔습니다.

처음 느껴보는 떨림, 근육통

요즘은 참 운동하기 좋은 시대다. 선택할 수 있는 운동의 폭도 넓고, 정보도 쉽고 다양하게 얻을 수 있다. 나는 유튜브를 자주 보진 않지만 인스타그램은 매일 들여다본다. 소셜미디어는 점점 진화를 거듭한다. 빅데이터나 알고리듬 덕분에 관심 있는 주제의 콘텐츠를 무수하게 접한다. 그야말로 정보의 홍수가 숨 막히기도 하지만 때론 정말 유용한 정보를 얻게 될 것 같아 절로 눈빛이 반짝거릴 때도 있다.

그래서 운동

언젠가부터 인스타그램 검색 피드에 운동에 관한 콘텐츠가 많아졌다. 턱걸이를 잘하는 법, 역도를 잘하는 법 등 다양한 콘텐츠를 발견하면 곧장 저장 버튼을 누른다.● 그렇긴 해도 다음 날이면 또 다른 유용한 콘텐츠가 올라오니 이전의 것을 볼 겨를은 없다. 그래서 주로 내 기억에 남는 건 반복해서 보는 것들뿐이다. 운동 외에도 여러 관심사가 있는데 가장 많이 접하게 되는 건 귀여움을 담은 콘텐츠다. 고양이 같은 동물이나 아기들의 엉뚱하고 순수한 모습은 시간 가는 줄 모르고 보게 된다.

최근 소셜미디어에서 한 어린아이의 모습을 보았다. 귀엽고 귀여우며 귀여운 그 아이는 살면서 처음으로 탄산수를 마시고서는 엄청나게 깜찍한 표정을 지었다. 탄산수의 톡 쏘는 맛이 입 안으로 들어가는 순간 엄청난 행복이 뇌로 전달되었을 것이다. 두 눈은 동그랗게 커지고 입꼬리는 살짝 올라간 아이의

● 주로 복근 운동, 어깨 운동, 턱걸이 연습에 도움될 만한 영상 콘텐츠를 저장한다. '틈날 때마다 연습해야지'라고 맘먹지만, 다시 찾아본 기억은 거의 없다. 나만 그런 건 아닐 걸?

모습을 몇 번이나 반복해서 보았다. 귀엽기도 했지만 앞으로 경험할 처음의 순간이 어마어마하게 펼쳐질 아이의 미래를 떠올리니 마냥 인자한 미소가 지어졌다. 아이에 비할 바는 아니겠지만, 나도 여전히 다양한 첫 경험을 맛보는 중이다. 특히 20대 후반에서 30대 초반 사이에 새로운 경험이 물밀듯 밀려왔다. 부모로부터 독립하고 퇴사를 하고 대학원에 입학하고 그 후로 직장인 대신 프리랜서로 방향을 틀어버린 것 모두 이때 벌어졌다.

  아이의 영상을 보다가 내가 처음 크로스핏을 하던 날이 떠올랐다. 한 시간 동안 그룹 수업으로 이루어지는 이 운동은 단 몇 분 정도밖에 안 되는 시간에 서너 가지 운동을 섞어 쉼 없이 움직이는데, 얼마나 숨이 찼는지 몰랐다. 크로스핏을 단시간 고강도 운동이라는 하는 말이 곧바로 이해되었다. 일주일 내내 운동을 하고 말로 표현 못 할 근육통에 시달렸던 기억이 생생하다. 새로운 것이 최초로 오는 순간. 첫 경험은 그게 뭐든 기억에 오래 남는 법이다.

  그도 그럴 것이 살면서 몸에 있는 근육들을 제대로 써 본 적이 몇 날 없었다. 나는 결코 운동하는 사람이 아니었다. 스포츠나 야외 활동과는 거리가 멀었고, 노동에 있어서도 책상 앞에 앉아 모니터를 바라보는 시간이 대부분이었다. 종종 등산을 하기도 했지만 그것은 일상이라기보다 1년에 한 번 있을까 말까 한 이벤트에 가까웠다. 나름 건강 체질이라 자부했기에 잔병치레도 거의 하지 않았다. 20대 때는 뭘 해도 체력이 좋을 나이였으니까● 딱히 근육을 단련하지 않아도 생활하는 데는 별다른 불편함이 없었다. 그러니 꼭 운동을 해야겠다는 마음일랑 저어기 안드로메다로 보내놓고 살았다.

    그러다가 본격적으로 운동을 해 볼 다짐을 한 서른 살 새해 첫 일 주일. 나는 하루도 빠짐없이 운동했다. 운동 전후로 스트레칭까지 포함해서 더도 덜도 말고 딱 한 시간만 운동하는 건 성공이었다. 크로스핏은 한 가지 운동만 하는 게 아니었다. 맨몸으로 하는 운동과 덤벨 같은 도구를 이용한 운동들이, 경상도식으로

●   30대가 되어 돌이켜 보면 20대는 체력이 좋을 때가 아니라, 이후의 체력을 고민 없이 미리 끌어다 쓰는 시기가 아닐까 싶다.

말하자면 천지삐까리였다. 대부분 내가 생전 처음 보는 도구, 동작들이었다.

어릴 때 자주 본 철봉에도 매달렸다. 철봉에 매달린 채 다리를 들었다 내리기도 했고, 밴드를 이용해 턱을 철봉 위로 들어 올려보려고 노력도 했다. 바벨이라는 긴 바를 들고 장미란 선수처럼 역도도 배웠다. 줄넘기도 하고, 몸통만한 둘레의 동그란 메디신볼을 두 손으로 잡고 있다가 벽에 던지며 앉았다 일어났다. 누워서 몸의 중심부만 땅에 대고 어깨와 팔, 다리 모두 들어 올려 V자로 만든 후 버티는 동작도 했다. 이 모든 게 할 때는 몰랐는데, 내 몸 곳곳에 숨은 근육을 자극하는 일이었다.

운동을 시작한 후 둘째 날부터 엉덩이, 허벅지, 종아리, 어깨, 배, 모든 부분에 뻐근한 통증이 느껴졌다. 몸은 기계에 기름칠이 필요한 듯 삐거덕대는데, 묘하게 마음에는 희열이 꽃피었다. 마치 양철 나무꾼이 심장을 얻은 것처럼 내 몸이 살아 움직이는 감각에 나도 모르게 입꼬리가 올라갔다. 그렇게 깨어난 근육들은 내가 앉았다 일어났다 하거나, 평지를 걷고 계단을 오르내리는 것조차 느릿느릿, 힘들게 만들었다. 이 이상한 감각들을 조금이라도 줄여보고자 자발적으로 틈날 때마다 스트레칭을 했다. 나는 근육통이란 이런 거구나, 하는 걸 처음으로 뼈저리게 느꼈다. 진정하고 생생한 첫 경험이었다.

하루도 빠짐없이 운동하러 간 걸 보면 처음 맛보는 이 고통이 꽤 즐거웠던 모양이다. 마치 첫 탄산수를 마신 어린아이처럼 몸이 보내는 고통에 짜릿함을 느꼈다. 그 마음으로 꼬박꼬박 체육관에 출근 도장을 찍었으리라. 또 막상 운동하기 시작하면 그렇게 고통스럽지도 않았다. 오히려 조금씩 몸을 풀어주는 사이 운동하기 적합하게 몸이 예열되었다. 전날 먹은 술을 또다시 술로 해장한다는 지인이 생각났다. 나는 운동으로 뭉친 근육통을 운동으로 푼다는 걸 자연스럽게 깨우쳤다.

확실히 크로스핏은 30년간 쓰지 않은 내 몸의 근육들에게 광란의 파티를 선사했다. 한편으론 거의 쓰인 적 없다고 생각하니 내 몸에게 미안한 마음도 들었다. 입으론 "아야야, 에구구" 하는 신음을 연신 내뱉으며 마치 슬로모션처럼 움직이는 걸음걸이는 지금 떠올려 봐도 절로 웃음이 난다. 최대한 무릎은

굽히지 않고 마치 학이라도 된 양 꼿꼿하게 걸음을 떼면서도 입꼬리는 살짝 올라가 실실 쪼개는 나를 누군가가 봤다면 분명 이상한 사람이라 여겼을 것이다. 사실 죽을 만큼 힘들다 해서 죽지는 않는다. 그저 그럴 것 같다는 거지, 거기에 따른 선택은 결국 마음이 다 한다.

운동한 첫날을 제외하고 그 주 내내 근육통을 달고 일상을 보냈다. 주말이 되자 아무 것도 하지 않아도 된다는 생각에 마음이 그리도 편할 수 없었다. 정말 꿀맛 같은 주말을 보냈다. 지금도 근육통이 심할 때면 그때가 떠오른다. 해 본 적 없던 동작을 비슷하게나마 따라 하기 급급했던, 그래서 몸을 어떻게 쓰는지 잘 모르고 서툴렀던, 그럼에도 불구하고 제대로 하고 싶은 마음이 불끈 솟았던 처음의 마음들. 철봉에 매달려 내 몸뚱어리를 들어 올리고 말겠다는 굳센 의지로 나도 모르게 '악' 소리를 내지르기까지 했다.

사람들은 종종 처음이 중요하다고 말하곤 하던데, 그 이유를 생각해 보면 처음 이후에 올 여러 가지 경험의 기준점이라서 그런가 싶다. 크로스핏의 첫 경험이 나쁘지 않았다. 생경한 고통은 아프긴 해도

견딜 만했다. 여러 도구와 여러 방법으로 내 몸을
움직여 주는 이 운동을, 난 계속해서 하고 싶어졌다.

운동계의 뷰티인사이드

자고 일어나면 얼굴이 달라지는 사람이 주인공인 〈뷰티인사이드〉라는 영화가 있다. 그 사람의 마음속 생각과 경험은 같은데 겉모습인 얼굴과 체격은 계속 바뀐다. 그 바람에 벌어지는 에피소드와 사람 간의 관계를 세련되게 풀어낸 영화라 아직도 기억에 남는다. 특히 매일 달라지는 겉모습에 당황하기도 하고 설레기도 하는 여주인공의 반응을 몽타주신으로 보여주는 장면이 인상 깊었다. 여주인공은 남주인공의 푸근한 아저씨로

변한 모습에는 웃음이 터지다가도 어린아이의 얼굴로 자신에게 반말하는 모습에는 정색한다. 또 어떤 날은 완벽하게 멋진 남자로 등장해 주변에 있는 모든 사람의 심장을 폭행하는 일도 일어난다.● 깨어나면 매일 다른 사람이 된다는 것, 분명 불편함도 있겠지만 일상이 반복되는 지겨움을 상쇄시켜 주는 효과도 분명 있다.

    운동계의 '뷰티인사이드'가 바로 크로스핏 아닐까. 크로스핏을 한다는 건 늘 새로운 운동을 한다는 말과 같다. 대개 운동은 종목에 따라서 그에 알맞은 규칙과 움직임이 정해져 있다. 달리기는 지면에서 발을 떼서 뛰는 것, 수영은 물 속에서 팔과 다리를 움직여 앞으로 나아가는 것, 자전거는 페달을 밟아 앞으로 나아가는 것, 배드민턴은 라켓으로 공을 쳐서 상대편으로 던지는 것처럼 말이다. 하지만 크로스핏은 매번 다른 운동, 다른 방식으로 움직인다. 제법 많은 사람이 크로스핏을 알고 또 방송이나 미디어에 노출되는 빈도수도 늘었지만, 여전히 모르는 사람에게 크로스핏을 설명할

●   지금 당신이 떠올리는 그 장면, 맞다.

때, 한 마디로 '어떤 운동이다'라고 알려주기란 쉽지 않다.

내가 생각할 때 맨몸으로 하는 운동 3대장은 팔굽혀펴기, 윗몸일으키기, 허리를 세우고 무릎을 굽혀 앉았다 일어나는 스쾃●이다. 이런 맨몸 운동은 크로스핏에서 반드시 해야 하는 기본이자 필수 동작이다. 이 동작들을 필두로 무게를 증량하거나 동작을 변형시켜 다양한 운동을 배운다. 체조성 운동이라 불리는 물구나무서기나 턱걸이, 파워리프팅의 한 종류인 역도와 케틀벨 운동까지. 거기다 사용하는 도구도 덤벨, 바벨, 케틀벨, 메디신볼, 탄력밴드, 플레이트 등 다양하다. 이만하면 1년 365일 매일 다른 운동을 하게 되니, 자고 나면 얼굴이 바뀌는 영화 속 주인공을 애인으로 둔 것과 완전 똑같지 않은가.

● '라떼는' 흔히 스쾃을 투명의자에 앉는 자세라고 했다. 어릴 때 벌로 오토바이 자세를 취해야 했는데, 그게 스쾃 동작이었다. 두 팔을 앞으로 나란히 해서 보이지 않는 오토바이 핸들을 잡고 상체는 세운 상태에서 무릎만 굽혀 가상의 오토바이 의자에 앉는 것이다. 그걸 운동으로 하게 되다니….

그래서 운동

　매일 달라지는 운동, 여러 개의 동작 조합을 일컬어 크로스핏에서는 '와드'라고 부른다. 와드는 'Workout Of Day'의 약자를 딴 'WOD'를 소리 나는 대로 발음한 단어다. 그날그날 할 동작을 정하고 횟수나 무게도 매번 다르게 정한다. 그리고 이를 최대한 빨리 끝내거나 정해진 시간 동안 최대한 많이 반복한다. 오늘 한 와드를 내일 또 하진 않는다. 내일은 내일의 태양이 뜨고, 내일 먹고 싶은 점심 메뉴가 오늘 먹고 싶은 것과는 다르듯이 내일의 와드는 늘 새로운 것으로 바뀌어 있다. 매일 어떤 운동을 할지 궁금했다. 잠들기 전 혹은 아침에 일어나자마자 스마트폰을 들어 온라인 카페에 와드가 적힌 게시물이 올라왔는지 확인하는 게 루틴이 되었다.

　와드를 확인하고 좋았던 것은 미리 어떤 운동을 할지 머릿속으로 그려볼 수 있다는 점이었다. 이건 운동이 많이 익숙해진 그다음의 일이고, 초반에는 모르는 동작투성이어서 일단 이게 무슨 동작인지 알고 싶었다. 물론 운동하러 가면 코치의 리드에 따라 자연히 알게 되고 배우게 되지만, 궁금함을 못 참고 언제나 미리 알아내려고 인터넷에 검색해 보곤 했다.

학창 시절에도 안 하던 예습을 크로스핏하면서 할 줄이야.

어느 정도 익숙해지자 나에게도 호불호가 생기기 시작했다. 나는 역도를 특히 좋아했는데, 처음엔 배우기 까다로워서 자세가 엉망진창이었다. 그러나 꾸준히 연습하자 어느 순간 자세가 제대로 잡혔다. 그 뒤로는 무게 증량에 가속도가 붙어 운동인이 아닌 여자 치곤 무거운 무게를 곧잘 들어 올렸다. 반면에 턱걸이는 해도 해도 늘지 않는 동작이었다. 상체 근력도 부족했지만 몸의 무게 중심도 하체에 집중되어 있는 체형이라 그럴 것이라 짐작한다. 줄넘기나 스쾃은 빠른 속도로 할 수 있었지만 윗몸일으키기나 팔굽혀펴기는 좀처럼 속도가 붙지 않았다. 무릎보다 살짝 높은 박스 위를 뛰어오르는 건 재미있었지만 벽면에다 메디신볼을 던졌다가 스쾃을 하는 건 정말이지 지옥을 체험하는 것 같았다.

와드에 내가 좋아하는 혹은 잘하는 동작이 나오면 기뻐하며 얼른 운동하러 가고 싶었다. 내가 잘하는 것을 하면 중량을 늘릴 수도 있고 기록도 괜찮을 것이기 때문이다. 반대로 와드에 내가 싫어하는 혹은

그래서 운동

못해서 힘든 동작이 나오면 가기 싫었다. '오늘 운동 쨀까?' 하는 생각이 절로 들었다. 내가 잘 못하는 것이니 기록이 낮을 게 뻔했기 때문이다. 머릿속에선 온갖 변명이 떠올랐다. 차라리 와드를 미리 확인하지 않았더라면 이런 마음도 안 들었을 텐데 말이다. 크로스핏의 단점이랄까, 조금 익숙해지고 나면 동작을 편식하게 된다.

한편으로는 죄책감이 들었다. 샌드위치에 들어간 할라페뇨를 빼고 먹을 때 드는 죄책감보다 와드에 싫어하는 운동이 나와서 가지 않을 것을 고민하는 마음일 때 드는 죄책감이 더 컸다. '잘하는 것만 하고 싶어 하면 그게 무슨 발전이 있겠어? 못하는 것에 더욱 정진해야 발전하는 인간 아니겠어? 그래야 진정으로 크로스핏을, 운동을 좋아한다고 말할 수 있을 테고!' 운동에 대한 난데없는 사명감이 크로스핏을 향한 애정을 키웠다. 그렇게 웬만하면 운동 편식은 하지 않는 것으로 스스로 맘을 다잡았다.

크로스핏을 설립한 그렉 글래스만 코치는 크로스핏이 기본적이고 다양한 신체 능력을 기르는데 탁월하다고 보았다. 확실히 크로스핏은 헬스처럼 몸 부위별 근력과 힘을 단련하기에 탁월하다. 또한 달리기나 줄넘기 같은 유산소 운동이나 정해진 시간 동안 멈추지 않고 와드를 수행 하는 것을 통해 지속적으로 근력을 발휘할 수 있는 지구력도 단련된다. 결국 나는 크로스핏의 내면을 발견한 셈이다. 처음엔 크로스핏이 가진 다양한 방식의 운동 조합, 그리하여 지루할 틈 없이 즐거움을 주는 모습을 쫓았지만, 그 이면에는 신체 능력을 향상해 주는 효과에 진심으로 반해버렸다.

다이어트의 추억

　　　　　크로스핏이라는 운동을 시작한 지 1년이 넘어갈 때쯤 다이어트 한번 해볼까? 하는 마음이 들었다. 내가 다니던 크로스핏 센터에는 수업 말고도 회원들을 위한 다이어트 프로그램을 운영하고 있었다. 소정의 참가비를 내면 8주 동안 스스로 식습관을 조절하고 수업 외에 추가적인 운동을 할 수 있도록 코치진이 미션을 제시하고 모니터링을 해준다. 마침 온라인 카페에 프로그램 개설 공고가 올라온 것을 보고 곧장 신청해 보았다.

그래서 운동

살면서 다이어트는 이때가 처음이었다. 나의 경우 몸무게가 표준 몸무게보다 많이 나갔을 때도 더러 있었지만, 살을 빼기 위해 일부러 먹는 걸 조절하거나 계획적으로 운동해 본 적은 전무했다. 내 인생을 통틀어 최대 몸무게는 고등학교를 졸업할 즈음이었는데, 신기하게도 대학교에 들어가자 점점 빠졌다.● 스스로는 늘 뚱뚱하다고 생각했지만, 객관적으로 생각해 보면 내 몸은 바람에 날아갈 정도로 빼빼 마르지도 않고, 스스로 몸을 가누지 못할 정도로 무겁지도 않았다. 겉으로 보면 균형 잡힌 체형이다 싶지만 그래도 속살의 사정은 나만 아는 것이었다. 다이어트를 하지 않았던 이유는 내 몸무게에 그럭저럭 만족해서가 아니라 연예인 같은 몸매를 만들 의지보다 맛있는 걸 먹겠다는 의지가 더 컸기 때문이다.

본격적으로 다이어트를 해볼 마음이 든 건 무엇보다 운동의 영향이 컸다. 크로스핏을 해서

● 학생 때 주야장천 들었던 '대학 가면 살 빠져'라는 어른들의 말이 나에게만큼은 틀린 말이 아니었다.

몸무게가 크게 줄진 않았지만 몸이 전반적으로 단단해지고 탄력이 더해졌다. 운동과는 거리가 먼 예전이었다면 다이어트할 마음이 들어도 금세 의지가 사그라들었을 텐데, 이번엔 달랐다. 운동을 꾸준히 하는 지금이라면 먹는 것을 조절하는 것도 제대로 해낼 수 있을 것 같은 자신감이 생겼다. 아마도 다이어트에 성공할 가능성이 커 보였기 때문이지 않았을까.

내가 다이어트를 하겠다고 맘먹은 이유에는 몇 가지가 있다. 우선 내가 가진 몸무게에서 3에서 5킬로그램 정도 빠지면 좋겠다고(만) 늘 생각했다. 식사량을 잘 조절한다면 이번엔 그게 가능하겠다는 생각이 들었다. 또 독립한 이후로 혼자 밥을 챙겨 먹게 되면서 식습관도 엉망이었다. 늘 편의점과 빵집을 들락날락했고, 영양성분 따위 고려하지 않고 패스트푸드나 야식, 군것질, 커피음료를 입에 달고 살았다. 이런 식습관을 오래 두면 건강을 해칠 위험이 다분했다. 식습관 개선과 체중감량을 통해 보다 건강한 삶을 도모하고 싶다는 게 그 당시, 서른한 살이 된 나의 목표였다.

크로스핏 센터에서 운영하는 다이어트 프로그램은

그래서 운동

단순히 체중을 줄이는 게 아니라 근육량은 늘이고 체지방량은 줄이는 것에 주안점을 두었다. 이를 통해 보다 효과적으로 운동능력을 향상할 수 있다고 했다. 그러려면 필수 영양소를 골고루 챙겨 먹는 게 중요했다. 크로스핏 센터에서 제시한 다이어트 방식은 단백질, 탄수화물, 지방을 각각 정해진 비율로 일정하게 섭취하는 것이다. 이렇게 하자 평소 일반적으로 먹는 음식량에서 탄수화물과 지방은 줄이고 단백질을 대폭 늘여야 했다. 가공된 식품보다는 가공되지 않은 것을 최소한의 요리로 먹는 것이 가장 좋았다. 그런 재료가 과일, 채소 따위였으니 자연스럽게 군것질이나 빵, 패스트푸드 같은 음식과도 살짝 멀어질 수 있었다.

스스로 영양성분을 확인하고 식단을 만드는 일이 처음엔 낯설었다. 밥 먹기 전에 음식이 몇 그램인지 혹은 몇 밀리리터인지 저울로 재는 것은 기본이고 탄수화물, 단백질, 지방의 비율도 체크해야 했다. 며칠 지나고 익숙해지면서 식단을 짜는 데 드는 시간도 점차 줄어들었다.

다이어트 전과 후를 비교하기 위해 본격적인 시작에 앞서 두 가지를 측정했다. 먼저 체성분 검사.

흔히 '인바디'라고 부른다. 일반적인 체중계는 체중만 표시해 주는 데 비해 인바디 기계는 근육량과 체지방량 같은 체성분까지 측정해 준다. 이를 통해 개인의 건강 상태를 파악하고 앞으로의 건강 계획까지 수립할 수 있다. 크로스핏을 하기 몇 년 전 헬스를 시작하면서 인바디를 한 번 재본 적이 있었는데, 그때는 사실 체성분에 대해 별로 관심도 없었고 왜 중요한지도 몰랐다. 그런데 운동이 익숙해지고 내 몸에 대한 관심이 늘자 근육량이 많을수록 지방을 잘 태우고 사용하는 에너지도 많아진다는 걸 알게 되었다. 운동에 관심을 두니 자연스럽게 건강 상식도 늘었다.

　　인바디를 측정하면 체중, 근육량, 체지방량이 각각 가로로 긴 막대그래프로 표시되는데, 이 세 개의 수치를 선으로 이으면 알파벳 I, C, D 모양 중의 하나가 나온다. 헬스를 하려고 시도할 즈음 나의 인바디는 체중과 체지방량에 비해 근육량이 적은 C형이었다. 그리고 크로스핏을 1년쯤 한 뒤에 재본 인바디는 세 가지 수치가 모두 비슷한 I형으로 바뀌어 있었다. 2개월의 다이어트 프로그램을 마친 후 나의 인바디는 근육량은 많고 체지방량은 적은 D형이 되었다.

두 번째로 체력 측정. 체력도 다이어트 전보다 후에 더욱 향상된 것을 확인했다. 윗몸일으키기는 35개에서 38개, 철봉에 턱걸이를 한 자세로 매달려 버티기는 (겨우) 7초에서 (무려) 34초, 제자리멀리뛰기는 1.98미터에서 2.1미터, 앉아서 윗몸 앞으로 굽히기는 18센티미터에서 24센티미터, 짧은 시간 내에 20미터를 왕복해서 달리는 셔틀런은 56회에서 70회로 모두 기록이 늘었다.● 몸을 챙기자 몸의 능력이 발전했다.

이때의 다이어트 프로그램에 참여한 경험으로 식사를 균형 있게 먹는 방법을 터득하였다. 물론 그 뒤로도 매일 건강하고 몸에 좋은 음식을 먹었다면 좋았겠지만, 맛있고 유해한 먹거리의 유혹을 뿌리치기에 난 나약하기 그지없었다. 그래도 한 번 경험하고 터득했으니 무엇이 내 몸에 더 좋은지

● 이때로부터 5년 후 국민체력100 체력평가를 해 보았는데, 윗몸일으키기는 36개, 제자리멀리뛰기는 1.76미터, 윗몸 앞으로 굽히기는 20.6센티미터였다. 셔틀런과 철봉 매달리기는 다른 형태로 측정해서 비교할 수는 없지만 나이를 먹은 것에 비해 체력이 크게 달라지지는 않은 것 같아 뿌듯하다.

이성적으로 사고하고 판단할 수 있게 되었다. 말하자면 다이어트로 내 몸과 대화하는 힘이 생겼다. 내 입이 아니라 내 몸이 좋아하는 음식이 분명 있다. 먹었을 때 속을 더부룩하게 만들지 않고 포만감 있으면서도 가벼운 기분을 느끼게 해주는 음식들. 철저하게 관리하진 못하더라도 조금씩 좋은 쪽으로 바꾸는 건 이제 나 하기 나름이다.

한편 내 몸의 특징과 가진 힘에 대해서도 더욱 관심을 갖게 되었다. 저마다 체형의 특징이 다르듯 가지고 있는 체력의 범위도 다르다. 체력에도 여러 가지가 있어 어떤 항목은 뛰어나지만 어떤 항목은 부족할 수 있다. 난 스스로 생각해도 순간적으로 발휘하는 힘이 센 편이다. 내가 크로스핏 동작 중 가장 먼저 두각을 나타낸 것도 역도였다. 물론 전 국가대표 장미란 선수와 비교하자면 턱없이 약하겠지만, 운동선수나 운동선수 같은 일반인(?)을 제외한 비슷한 체격의 여성들 사이에선 꽤 힘이 세다.

웨이트 트레이닝을 효과적으로 하려면 자신이 가진 최대치의 힘을 측정해야 한다. 딱 한 번 최대로 들어 올릴 수 있는 무게를 1RM(Repetition

Maximum)이라고 하는데, 나의 역도 1RM 무게도 다이어트 후에 조금 늘었다. 바벨을 바닥에서 곧장 한번에 들어 올릴 수 있는 무게는 47.5킬로그램이고, 바벨을 어깨에 한 번 걸쳤다 머리 위로 들어 올릴 수 있는 무게는 56.7킬로그램이다.● 내 몸무게의 거의 90퍼센트의 무게를 드는 셈이다. 물론 자기 몸무게를 웃도는 무게를 드는 사람도 많으니 나의 1RM이 결코 자랑거리는 못 된다. 다만 몸을 챙겼을 때 변화하고 발전하는 몸의 능력에 새삼 감탄할 따름이다.

● 역도에 관해서는 〈역도와 황도복숭아(75쪽)〉에서 좀 더 자세히 이야기할 예정이다.

천천히, 빠르게, 쉬지 않고

크로스핏 수업은 체계적이다. 우선 준비운동으로 몸이 운동하기 좋은 상태가 되도록 열을 내준다. 준비 운동은 그날 운동에 따라 다르다. 가벼운 스트레칭을 할 수도 있고 약간 땀이 날 정도의 유산소 운동을 하기도 한다. 본격적인 와드●는 보통 근육을 단련하는 데 집중하는 무산소 운동과 여러

● '와드'라는 용어는 〈운동계의 뷰티인사이드(35쪽)〉에서 자세하게 설명했다.

그래서 운동

동작을 섞어 빠르게 움직이는 유산소 운동으로 구성된다. 무산소 운동은 짧고 순간적인 힘으로 근육을 단련하고, 유산소 운동은 그보다는 오래 근육을 자극하며 심장을 엄청나게 뛰도록 한다. 크로스핏도 달리기나 수영처럼 움직이면서 산소를 활용해 에너지를 많이 공급하기에 엄청난 유산소 운동 효과를 낸다.

유산소성 와드를 수행하는 시간은 천차만별인데, 보통 10분 내외의 와드로 구성되는 게 일반적이다. 일반적일 뿐이지 그보다 짧은 와드도, 그보다 긴 와드도 얼마든지 있다. 가장 짧은 것은 대체로 3분 내외에 끝난다. 이 말이 결코 운동 강도가 낮다는 것은 아니다. 3분 안에 끝난다고 하더라도 수행할 동작에 부하되는 무게나 난이도가 높기 때문이다. 반대로 20분에서 30분이 걸리는 와드도 있다. 20분에서 30분 동안 전속력으로 달리는 것을 떠올려 보면 얼마나 힘이 들지 상상이 될 것이다.

크로스핏은 와드를 하는 동안 쉬지 않고 움직여야 한다. 중간중간 쉴 수 있는 운동이 아니다. 물론 힘들어서 숨을 고를 수야 있지만, 그렇다고 바닥에 주저 앉아 거친 숨이 돌아올 때까지 쉬었다가 다시 하는 그런 운동은 아니라는 말씀. 주어진 시간 동안 쉬지 않고 최대한 반복하고 많이 하는 게 와드의 목표다. 크로스핏을 고강도 운동이라고 하는 이유가 여기에 있다. 운동하는 시간에 비해 숨이 턱 끝까지 탁탁 막히고 땀을 화수분처럼 쏟아내는 게 바로 크로스핏의 매력이자 묘미다.

크로스핏은 기록성 운동이라 시간이 중요하다. 그래서 크로스핏을 하는 공간에는 반드시 초시계가 있다. 와드 직전에 코치가 시간을 설정하면 시작하기 4초 전부터 '삐' 하는 기계음이 크게 울린다. 세 번의 짧은소리 다음엔 길게 늘어지는 '삐' 소리와 동시에 와드가 시작된다. 총소리가 울리자마자 뛰기 시작하는 달리기 주자들처럼 이때부터 회원들은 자기만의 운동에 몰두한다. 옆에 누가 있건 말건 보지도 않고 신경 쓰지도 않는다. 오로지 나의 몸과 동작 수행에만 집중하는 시간이다. 그저 해야 할 동작을 천천히(정확히), 빠르게, 쉬지 않고 한다.

누가 뭐래도 크로스핏은 시간 싸움이다. 대개 가능한 한 빨리 끝내기 혹은 가능한 한 더 많은 횟수

반복하기 둘 중 하나다. 이 때문에 그토록 호승심이 발동하는 건가 싶기도 하다. 평소 일상에서는 1분 1초를 중요하게 생각하는 일 따위 별로 없다. 하지만 와드를 진행할 때만큼은 1분 1초가 길게도 느껴지고 짧게도 느껴진다. 무엇보다 매초를 온몸으로 느끼며 시간의 중요성을 되새긴다.

그러다 보니 일상생활 속에서도 뭔가에 쫓기거나 시간이 촉박할 때면 '와드'라는 표현을 쓰곤 한다. 약속 시간에 임박해서 옷 고를 시간이 별로 없을 때, 늦잠 자고 일어나 급하게 씻어야 할 때, 횡단보도 신호가 얼마 남지 않은 상황에서 뛸까 말까 고민하다가 결국 뛰기를 결심할 때, 몇 분 혹은 몇 초짜리 와드 같다. 무거운 것을 들어야 할 때도 마찬가지다. 예전에 편의점에서 2리터 물 여섯 개가 한 묶음인 제품을 구매하곤 했는데, 5분 정도 걸어서 집으로 가는 동안 물이 점점 무거워지고 내 발걸음도 덩달아 빨라지곤 했다. 그때 나는 속으로 무거운 것을 들고 가는 '파머스 캐리(Farmer's Carry)'를 하고 있다고 생각했다.

다음 크로스핏을 하는 대표적인 방법 네 가지를 보면 크로스핏에서 시간이 얼마나 중요한지 알게 될 것이다.

▨ 암랩(AMRAP)

'As Many Round As Possible'의 약자로, 정해진 시간 동안 수행할 동작과 개수를 가능한 한 많이 반복하라는 뜻이다. 보통 10분, 12분, 15분 정도의 시간을 정해두고 끝날 때까지 쉬지 않고 운동한다. 모두가 같은 시간 동안 움직이므로 자신이 수행한 개수를 기록으로 적는다. 이 방식으로 운동할 땐 꾸준하게 해야 한다. 초반에 너무 빠르게 움직여 힘을 빼버리면 지쳐서 끝까지 운동하기 어려워진다.● 처음부터 끝날 때까지 계속할 수 있는 무게를 선택하는 게 관건이다. 속도 조절을 잘해야 좋은 기록을 건질 수 있다. 이렇게 시간을 정해두고 운동을 하면 마지막 몇 초밖에 남지 않았을 때 대부분의 사람이 엄청난 힘을 발휘하게 된다. 크로스핏터들 사이에선 '막판 스퍼트를

● 물론 처음부터 자신의 기량을 최대한 펼쳐서 빠르게 움직여도 지치지 않는 크로스핏터도 많다. 그들은 아무래도 지치지 않는 강철 심장을 지니고 있는지도 모른다. 참으로 부럽다.

올린다'●라고 한다. 그리하여 몇 초 남지 않은 시간에 한 개라도 더 하고 끝내려는 마음이 절로 생기는 경험을 하게 된다.

■ 포타임(For Time)

암랩과 달리 정해진 동작과 개수를 최대한 빨리 끝내는 방식이다. 단, 반드시 이 시간 안에는 끝내야 하는 타임캡(Time Cap)이 주어진다. 타임캡은 얼핏 보면 암랩처럼 운동하는 데 주어진 시간이라 생각할 수도 있지만, 운동을 반드시 끝내야 하는 마감 시간이다. 시험 시간에 종이 울리면 더 이상 문제를 풀 수 없게 되는 것처럼 타임캡에 다다르면 하던 운동이 남았더라도 멈춰야만 한다. 그래서 암랩과 달리 초반부터 힘을 바짝 주어 빠르게 움직이는 게 중요하다. 기록은 자신이 끝낸 시점의 시간을 적는다. 혹시 타임캡 안에 끝내지 못하면 그때까지 수행한

● '스퍼트'는 원래 달리기에서 어떤 지점부터 전속력을 낸다는 뜻인데, 크로스핏과 같은 운동에서도 몇 초 남지 않은 상황에서 전속력의 힘을 낸다는 뜻으로 통한다.

개수가 본인의 기록이 된다. 사람마다 끝내는 시간이 다르다 보니 꼴등만은 면하기 위해 호승심이 굉장히 불타오른다.

▨ 이엠오엠(EMOM)

'Every Minute On the Minute'의 약자로, 두 가지 동작을 매 분마다 번갈아 수행하는 방식이다. 매 분마다 정해진 동작(혹은 개수)을 채우고 나면 다음 1분이 시작될 때까지 쉴 수 있다. 이 방식은 운동을 오래 해서 잘하는 사람에게 유리할 것만 같다. 그러나 저마다 가진 능력에 따라 운동 강도는 달라진다. 잘하면 잘할수록 운동 강도도 세지니까 결국 쉴 수 있는 시간도 대부분 비슷하다. 매우 짧게 쉬는 그 순간에도 운동하는 것처럼 숨을 헐떡인다. 달리기와 걷기를 반복하는 것과 비슷하다고 생각하면 된다.

▨ 타바타(TABATA)

이엠오엠과 비슷하다. 기본적으로 20초 동안 운동하고 10초 쉬는 걸 8회 반복하는 운동법이다. 일본의 타바타 박사가 만들었다고 한다. 고강도로

그래서 운동

운동하기에 쉬는 사이에도 운동 효과가 있다는 이론으로 운동선수의 훈련법으로도 많이 알려져 있다. 이것은 50초 운동하고 10초 쉬거나, 40초 운동하고 20초 쉬거나, 30초 운동하고 30초 쉬는 등 동작의 강도에 따라 다양하게 변형할 수도 있다.

　이렇게 운동하는 방식들을 모아 보니 크로스핏만큼 시간을 알뜰살뜰히 쓰는 운동도 없는 것 같다. '초'라는 시간은 일상에서는 순식간에 지나가는 찰나에 불과한데, 운동할 땐 전혀 그렇지 않다. 앉았다 일어나는 스쾃은 1초, 윗몸일으키기는 2초, 팔굽혀펴기 자세에서 곧장 일어나 뛰는 동작인 버피 테스트는 3초면 충분히 가능하다. 물론 수십 번 반복한다면 얘기는 달라지겠지만….
　운동할 때만큼은 시간을 밀도 있게 쓴다. 시간을 쪼개고 쪼개 최선을 다해 운동하고 나면 성취감도 꽤 크다. 이렇게 시간을 쓰는 방식이 짜증 나는 동시에 즐거운 마음이 든다면 크로스핏 중독 초기 단계에 접어들었단 뜻일 테다.

기록으로 보는 몸의 발자취

크로스핏을 시작한 다음 날부터 블로그에 매일 운동 기록을 남겼다. 크로스핏은 워낙 다양한 운동이 있고 매일 달라지는 데다 용어도 죄다 처음 보는 영어다 보니 익숙해지는 데 기록이 도움이 되었다. 온라인 카페에 올라온 와드를 적고 그 밑에 운동한 후의 느낌을 일기처럼 남겼다. 그래서 웬만하면 운동한 직후나 그날 밤, 기억이 가장 생생할 때 기록했다. 처음 한 달은 운동할 때마다 기록을 남겼다. 두 달째부터는 운동 직후 비공개로 기록했다가

그래서 운동

일주일 치 기록이 쌓이면 한꺼번에 게시물을 공개했다.

    4개월 동안 주 3회에서 4회 꾸준히 하다가 4개월의 공백기를 가졌다.● 다시 운동을 시작했을 땐 처음에 하던 대로 운동할 때마다 매일 기록을 남기면서 그동안 해온 운동의 횟수를 점진적으로 더해갔다. 이것이 매일 운동 기록을 하는데 기폭제가 되었다. 운동한 횟수가 늘어가는 걸 볼 때마다 뿌듯함도 커졌다.

    데뷔한 시기에 따라 아이돌을 세대로 구분한다. 가령 내가 학창 시절 때 활발히 활동했던 걸그룹 'S.E.S'나 '핑클'을 1세대 아이돌이라고 부른다. 이처럼 나의 크로스핏 운동도 세대를 나누어 보았다. 현재 내 블로그에는 2016년 1월부터 시작해서 2018년까지 총 390회의 크로스핏(=와드) 기록이 적혀 있는데, 이때를 1세대 크로스핏이라고 칭할 수 있겠다. 이 시기에 운동이라곤 오로지 크로스핏만 했다. 그러다가

●   TMI 하나. 당시 공백기에는 세 가지 이유가 있었는데, 이별의 아픔, 석사 논문의 고통, 생계의 불안이었다. 그냥 그렇다는 말이다.

2019년에 이르러서는 3개월에서 4개월 정도 크로스핏을 하다가 흐지부지했고, 이때는 기록도 하는 둥 마는 둥 했다. 2020년에는 운동을 거의 아니, 아예 하지 않았다. 이때를 2세대 크로스핏이라고 칭하겠다.

 그리고 지금은 3세대 크로스핏이 진행 중이다. 2021년 5월부터 다시 크로스핏을 하면서 기록도 다시 시작했다. 이때부터는 크로스핏을 하면서 때론 다른 운동을 병행하기도 했다. 달리기, 클라이밍, 홈트레이닝, 요가 등 그때그때 내 몸 상태에 맞춰서 했는데, 예전처럼 매우 상세하게 운동을 기록하진 않았다. 어쨌든 크로스핏만 따지자면 2023년 5월까지 300회 정도 크로스핏(=와드)을 했다. 1세대에서 3세대까지 모든 시기를 합치면 700회 정도 된다.

 기록한 덕분에 오래전 운동 초기의 내 생각이나 기분을 떠올릴 수 있었다. 이 사실을 밝히는 게 조금 부끄럽기도 한데, 초기의 내 운동 기록을 누군가 찾아보기라도 한다면 엉터리라는 게 탄로 날 것이기 때문이다. 30파운드 바벨을 들고 운동해 놓고 30킬로그램이라고 적어두기도 했고, 턱걸이를 뜻하는 풀업이라는 용어를 V업 동작을 뜻하는 의미로 적어두기도 했다. 변명하자면 수업할 땐 코치의 설명을 제대로 들었다고 생각했지만, 나중에 다시 떠올렸을 때 엉터리인 경우가 많았고, 파운드라는 무게 단위도 사실상 살면서 처음 접해서 잘 몰랐다. 그래서 크로스핏을 잘하는 사람이 보면 내가 처음에 35'킬로그램' 짜리 바벨을 막 머리 위로 들었다는 기록에 고개를 갸우뚱할지도 모른다.

그래도 블로그에 적어둔 기록을 보면 그날의 풍경이 떠올라서 좋다. 크로스핏을 한 둘째 날에는 와드를 중도 포기했었다. 그때는 무조건 한 개의 운동을 끝내면 다 끝이라고 생각했다. 그런데 바닥에 주저앉아 거친 숨을 내쉬는 건 나 혼자뿐이고, 다른 회원들은 아무렇지도 않게 그다음 와드를 준비했다. 이제 두 번째 와드를 진행할 거라는 코치에게 난 진짜 일어날 힘조차 없어서 포기를 선언했다. 도저히 못 하겠다는 나의 말에 코치는 "포기하시는 건가요?"라고 되물었다. 농담 섞인 말투에 잠깐 오기가 생겼지만 마음과 달리 모든 에너지가 소진되어 아무런 대꾸도 할 수 없었다.

사실 크로스핏만큼 기록하기 좋은 운동도 없다.

매일 운동이 달라지는 데다가 내가 수행한 그날의 무게, 끝낸 시간, 수행한 동작 모두 다 다르기에 매일 적는데도 똑같은 내용은 하나도 없다. 운동만큼 지루할 틈 없는 기록의 재미가 있다는 말씀! 그도 그럴 것이 크로스핏 자체가 기록성 운동이다. 와드를 끝내면 칠판에 자신의 기록을 적는다. 개인적으로 기록하지 않아도 칠판에 적힌 회원들의 기록을 코치가 매일 사진으로 찍어 온라인 카페에 게시글로 남긴다.

크로스핏 와드는 1년 365일 다르게 만들 수 있지만 몇 가지 루틴은 있다. 그래서 몇 개월마다 한 번씩 예전에 했던 와드를 똑같이 하기도 한다. 또 '히어로와드'라는 게 있다. 소방관이나 군인 등의 이름을 따, 그들의 훌륭함을 기리는 목적으로 만들어졌다고 한다. 히어로와드는 '네임드(named)와드'라고도 부르는데, 이름에 따라 와드의 특징이 다 다르다. 이렇게 특색 있는 와드나 전에 했던 와드를 똑같이 다시 하게 될 때, 코치는 회원들에게 지난번보다 한 개라도 더 할 수 있도록, 1초라도 시간을 단축할 수 있도록 독려한다. 코치의 말대로 나는 이전의 기록보다 더 빠르게 움직이려

하고, 한 개라도 더 많은 횟수를 채우려 한다. 또한 조금 더 무거운 무게에 도전하고, 때론 전에 못하던 동작을 하게 되기도 한다. 다 기록 덕분이다.

　기록하면 남는다. 기록을 통해 다음에 얼마만큼 더 향상되었는지 가늠해 볼 수 있다. 내 체력과 동작을 수행하는 능력이 얼마나 나아졌는지 확인하는 척도가 바로 기록이다. 내 기록뿐 아니라 다른 사람의 기록을 통해서도 더 나아지고 싶다는 호승심이 든다. 크로스핏은 경쟁심리가 큰 운동이다. 선의의 경쟁은 나의 성장과 발전을 더 빠르게 이끌기도 했다. 크로스핏을 통해 내가 발전한다는 느낌을 많이 받았다. 힘들어서 와드 중간에 포기하던 내가 어느새 숙련자가 되었을 때 그 성취감은 장난 아니게 높았다.

　하지만 이 발전에는 끝이 없었다. 점점 내가 할 수 있는 동작이 많아지고 어느 정도 세련되자 다른 사람보다 잘하고 싶은 욕심이 생겼다. 나보다 더 잘하는 사람은 늘 존재했다. 운동을 기가 막히게 잘하는 분과 함께 운동할 때면 나도 모르게 허세를 부리는 건지, 내 능력에도 맞지 않는 무게를 무리해서 들기도 했다. 당시에는 나보다 잘하는 사람이 얼마나 많은 시간 동안 연습에 매달렸을지는 생각하지 못했다. 단지 그 사람이 하는 만큼 나도 하고 싶고, 그렇게 하고야 말겠다는 마음뿐이었다. 타인과의 비교에만 매몰되어 연습하기보다는 욕심만 앞섰다.

비교란 끝도 없고 기준도 없어서 명확하지 않은 허깨비 같았다. 나도 모르게 다른 회원과 비교를 일삼았는데, 언젠가 수업을 마친 코치가 이런 말을 했다. "여러분, 어제의 나보다 오늘 더 강해지셔야 합니다." 그 말에서 내 귀에 들어온 건 '강해지다'가 아니라 '어제의 나보다'였다. 한 줄기 섬광 같은 그 말을 마음속에 단단히 집어넣었다.

다시 생각해 보자. 스스로와 비교했을 때 비록 기록 향상은 느릴지언정 조금씩 발전하고 나아지는 모습에서 또 다른 성취감을 얻을 수 있었다. 나아가 자긍심까지도 얻었다. 역도를 할 때 무게를 점점 더 많이 들게 된 것도, 달리기를 1분 이상 해도 못 견딜 정도로 숨이 차지 않게 된 것도, 상체의 힘을 거의 쓰지 못했던 내가 철봉 위로 턱걸이를 한 번이라도 할 수 있게 된 것 모두 어제의 나와 비교한다면 조금이라도 성장한 것이다.

그래서 운동

돌이켜 보면 운동을 할 때 타인과 나의 몸을 비교하는 것보다 어제와 오늘의 내 몸을 비교하는 것이 더욱 영양가 높았다. 타인보다 성장하는 것은 그것이 좌절되었을 때 이루 말할 수 없는 상실감이 오지만, 어제의 나보다 발전하는 것은 그것이 더디더라도 이루어진다는 희망이 있었다. 어쩌면 내가 하는 다른 일도 마찬가지라는 생각이 들었다. 글을 쓰는 일도, 출판사를 꾸려 책을 만드는 일도 모두 운동과 같은 맥락에 있다. 운동을 하면 몸만 건강해지는 게 아니라 생각도 건강해지는 걸 느낀다. 그렇게 나는 어제보다 조금 더 나은 사람이 되어가는 것 같다.

언젠가 읽은 정희진 작가의 책에서 좋은 문장을 발견하고 포스트잇을 붙여두었다. 그 문장이 지금의 내 마음을 잘 대변해 준다. "발전은 '타인보다 앞선다'에 초점이 있다. 발전은 타인과의 관계인 반면 변신은 과거의 자신과 다른 사람이 되는 과정이다. 변신은 자기 내부에서 다른 세계로 이동하는 수평의 상승이자 성장이다(《나를 알기 위해 쓴다》, 정희진, 2020, 교양인, 35쪽)."

철봉과 굳은살

흙 내음 가득한 초등학교 운동장을 떠올리면 늘 철봉이 있었다. 20년도 훨씬 전에 어린이였던 나는 철봉에 자주 매달리며 놀았다. 두 손으로 철봉을 잡고 허리춤까지 몸을 올리는 것쯤 식은 죽 먹기였다. 매달린 상태에서 상체를 앞으로 숙여 한 바퀴 돌아 다시 제자리로 돌아오는 것도 자주 했다. 때론 반대로 하체부터 철봉 위로 들어 올려 한 바퀴 돌기도 했다. 어린이의 몸은 참으로 유연하고 가볍다는 게 새삼 그립다. 그 시절, 무릎 뒤쪽을

그래서 운동

철봉에 끼워 넣고 공중에 몸을 매단 채 세상을 거꾸로 바라본 적도 있다. 지금 생각해도 화려한 정글짐이나 늑목보다는 철봉이 좋다. 세 개의 기둥만으로 이루어진 단순한 생김새가 참 믿음직스럽달까.

어른이 되고 철봉을 잡을 일은 거의 없었다. 그러다가 서른 살이 되어 크로스핏을 하러 가서 철봉을 떡, 하니 맞닥뜨렸다. 마침 운동 첫날에, 철봉에 매달리는 동작을 했다. 코치가 10초 동안 매달리라고 했을 때 나는 '10초쯤이야'라고 생각했다. 그러나 그깟 10초 매달리기도 두세 번 반복하자 숨이 차며 손바닥과 팔에 힘이 빠지기 시작했다. 다음은 몸을 철봉 위로 들어 올리는 동작을 배웠다. 그러나 이미 내 몸은 어릴 적 유연하고 가벼운 상태가 아니었다. 맨몸으로 올라가는 건 시도조차 못 했고, 탄력 밴드를 이용해 몸의 반동으로 올라가는 연습을 했지만 그마저도 쉽지 않았다.

턱걸이를 영어로 풀업(Pull Up)이라고 한다. 크로스핏이 미국에서 건너왔기 때문에 운동에 관한 용어도 죄다 영어다. 그래도 풀업이라는 영어 단어의 뜻을 하나하나 뜯어보면 우리말처럼 꽤 직관적이다.

팔을 당겨서(Pull) 몸의 일부를 철봉(Bar) 위로 올린다(Up). 턱까지 들어 올릴 수도 있고(Pull Up), 가슴까지 들어 올릴 수도 있으며(Chest to Bar), 상체 전부를 들어 올릴 수 있다(Muscle Up). 이 모든 게 풀업이란 동작이며, 상체의 근력을 단련시키는 데 탁월하다. 어릴 적 내가 철봉에 매달려 놀던 게 지금 하는 운동과 다르지 않다고 생각하니 신기했다. 그리고 그때처럼 몸의 일부를 철봉 위로 들어올리기란 결코 쉽지 않음에 좌절했다. 몸은 더 이상 어린이 시절처럼 가볍지 않았다. 그래서 몸을 앞뒤로 움직여 반동의 힘을 빌리고 탄력 있는 밴드를 쓰며 부단히 연습할 수밖에 없었다.

처음 풀업 연습을 해보는 나는 몸에 반동을 주라는 코치의 말에 마치 그네 타듯 앞뒤로 몸 전체를 움직였다. 풀업 초보자라면 꼭 한 번쯤 하는 실수다. 마침, 내 옆에는 꾸준히 운동한 포스가 팍팍 나는 여성 한 분이 있었다. 똑같이 코치의 지도에 따라 한 자세, 한 자세 따라하는데, 나와 달리 자세가 올바르고 동작에 자신이 넘쳤다. 철봉에 매달린 채 몸의 중심부인 허리는 철봉과 수직으로 같은 위치에 곧게 유지하고,

그래서 운동

다리와 상체만 앞뒤로 유연하게 왔다 갔다 했다. 마치 새우가 우아하게 펄떡이는 모양새 같았다. 그분은 나와 달리 반동의 힘으로 두 팔을 접어 몸을 철봉 위로 들어 올렸다. 그분의 모습에 반하고 동경하지 않을 수 없었다. 이제껏 나에게 동경의 대상이란 지적인 소양이 뛰어난 사람뿐이었는데, 처음으로 운동하는 여자가 멋지다고 생각했다. 나도 꾸준히 하면 저렇게 잘하게 될까? 언젠가는 꼭 운동 잘하는 멋진 여자가 되고 싶어졌다.

어느 정도 운동하는 게 익숙해진 뒤로 나는 수업이 끝나고 나서도 남아서 풀업 동작을 연습했다. 연습은 지리하고 힘들었다. 잘 되지도 않을뿐더러 내 몸은 또 왜 이렇게 무거운가, 하는 생각만 가득 차곤 했다. 이 무거운 몸뚱어리를 두 팔의 힘으로 아니, 상체의 힘으로 들어 올리려면 얼마나 더 힘이 세져야 할까? 아님 차라리 몸무게를 줄이는 게 더 빠를까?

늘 것 같지 않았지만 그래도 며칠을, 몇 달을 조금씩이라도 꾸준히 하다 보니 동작이 향상되어 가는 게 보였다. 밴드를 쓰지 않고 맨몸의 반동만으로 철봉 위로 올라가는 걸 드디어 하는 날이 왔다. 물론 한두 번이 고작이지만 그것도 내겐 대단한 일이었다. 이렇게 풀업과 친해진 건 철봉에 자주 매달리며 가까이한 덕이다. 연습이란 보상이 따른다는 걸 다시 한번 실감했다. 하지만 반대로 꾸준하게 하지 않으면 도로 그 보상을 뺏어간다. 그래서 되던 동작도 안 하다가 오랜만에 하면 그만큼의 연습 시간이 필요하다는 것도 알았다. 계속해서 잘하려면 꾸준함만이 답이다.●

  풀업을 조금씩 하게 되자 내 몸에는 한 가지 변화가 생겼다. 바로 손바닥 굳은살이다. 손바닥 넓은 쪽과 손가락이 갈라지는 그 부분, 특히 중지와 약지로 이어지는 곳에는 더욱 큰 굳은살이 동그랗고 단단하게 박혀 있다. 크로스핏을 하면 여러 도구를 많이 사용한다. 쇠로 된 바벨이나 덤벨 같은 도구들을 손에 쥐고 있으니 나도 모르는 사이 흔적이 남는 것이다. 무엇보다도 철봉에 자주 매달리며 손바닥의 굳은살도 더 단단해졌으리라. 아마도 호미나 낫을 들고 하루 내내 일하는 농부들의 손에도 이런 굳은살이 자리하고

●   반복해야만 나아지는 동작. 글쓰기도 그렇지만 운동에도 왕도가 없다.

있지 않을까? 그러고 보면 운동이 노동과도 비슷한 면이 있는가 싶기도 하다. 실제로 내 손바닥을 본 어떤 지인은 우스갯소리로 막노동하느냐고 묻기도 했다.

철봉에 매달리던 첫날에는 손바닥에 물컹한 물집이 잡혔었다. 이틀 뒤 다시 철봉에 매달리자 물집이 터지고 살이 까졌다. 철봉을 쥐고 몸을 움직일 때마다 손바닥에는 지속적인 압력과 마찰이 생기는데, 그게 손바닥에 물집을 만들어 내는 것이다. 그러다가 마찰이 가해지는 부분에 점점 굳은살이 박여 단단해지기 시작한다. 이제는 운동을 한두 달 쉬어도 손바닥에 있는 굳은살은 쉬이 없어지지 않는다. 굳은살 있는 내 손바닥을 보면 운동을 열심히 한 사람의 표식 같아 내심 기분이 좋다.

굳은살 있는 손은 왠지 운동을 더 잘하게 해주는 마법 같은 힘이 있다. 예전엔 손이 아파서 철봉을 오래 잡고 있기가 힘들었는데, 이젠 철봉을 오래 잡고 있어도 그렇게 아프지 않다. 풀업 같은 동작을 여러 번 해서 손바닥에 마찰이 많이 생겨도 물집이 잡히거나 살갗이 까질 일도 거의 없다.● 나는 굳은살이 그동안 열심히 운동하고 연습한 시간의 흔적을 보여준다고 생각한다. 마치 나무의 나이테 같다. 따지고 보면 굳은살 때문에 노동자 같다는 말도 그만큼 성실하게 일한 시간의 가치를 표현하는 말 아닌가. 누군가는 "여자 손이 그래서 어떡해요?"라고 되묻기도 했지만, 전혀 신경 쓰지 않았다. 나는 내가 시간을 들여 운동한 흔적이 뿌듯하고 그것을 몸에 새겼다는 감각이 더 기쁘다.

    이것과 비슷한 감각은 또 있다. 한때 나는 기타를 치고 싶어 코드 몇 개를 배우고 연습했다. 기타를 잡기 전의 내 손가락은 마치 갓난아기의 대천문과 소천문처럼 연약한 상태였다. 그래서 왼손으로 기타 줄을 눌러가며 몇 번 연습하지 않았는데도 손끝이 하도 아파서 10분 이상 연습을 이어가기가 어려웠다. 그러다가 며칠을 쉬지 않고 연습했을 때 손끝이 빨개지고 조금씩 갈라지는 느낌이 들더니 약간의

- 물론 손바닥 보호대의 힘이 크다. 그리고 몇 시간씩 지나치게 오래하지 않는 선에서 그렇다는 말이다. 아무리 굳은살이 손을 보호해 준대도 손에 도구를 쥐고 오랜 시간, 여러 번 반복해서 운동하면 물집이 생기거나 살갗이 까지기도 할 테다.

그래서 운동

굳은살이 자리 잡아 간다는 것을 느꼈다. 그때는 특히나 더욱 기타 줄에 손을 댈 때마다 고통스러웠다. 그때 기타를 가르쳐주던 선배가 말하길, "손가락 끝이 갈라지고 찢어지는 그 고통을 감수하고 계속 기타를 쳐야 비로소 손이 편해져." 그러고 나서 선배의 손을 보니 손끝이 뭉툭하고 단단했다.

나는 선배처럼 손가락 끝이 단단해지는 날은 오지 않았지만, 크로스핏을 하며 손바닥에 굳은살을 새겼다. 이 흔적이 저절로 생기지 않는다는 걸 몸소 체험한 나는 안다. 아파도 꾸준히 철봉을 잡고 바벨을 들어 올린 시간들이 쌓여 만들어 놓은 것이라는 걸. 연습의 과정이 없었다면 이토록 단단해지는 일도 없었겠다 싶다. 약한 시간을 잘 버텨내고 나면 그다음부터는 단단함이 나를 잡아줄 거라는 믿음. 운동으로 단단해진 내 손바닥을 보니 이제 알 것 같다.

역도와 황도복숭아

전 국가대표 장미란 선수가 역도 대회에서 세계 신기록을 연이어 두 번 세우는 장면은 두고두고 회자된다. 덕분에 올림픽에 큰 관심 없는 나조차도 소셜미디어 알고리듬에 따라 몇 번 경기 영상을 접했다. 더군다나 나는 이제 장미란 선수의 동작을 보며 어떻게 힘을 발휘하고 있는지 어느 정도 알아볼 수 있다. 왜냐하면 나도 이제 역도를 '좀' 하기 때문이다.

크로스핏이라는 운동을 하며 정말 다양한

그래서 운동

운동을 배웠는데, 그중에서도 가장 좋아하는 한 가지를 꼽으라면 나는 무조건 역도를 선택할 것이다. 나뿐 아니라 많은 크로스핏터들이 크로스핏의 묘미, 크로스핏의 꽃으로 역도를 꼽는다. 두 발을 단단히 땅에 고정하고 서서 두 손으로 바벨을 힘껏 들어 올리면 누군들 자신감이 생기지 않을까? 장미란 선수에게 미치지는 않겠지만 그에 버금가는 힘이 내 안에서도 솟아난다. 역도를 할 때의 나는 절대 왜소하거나 약해빠진 사람이 아니게 된다. 이런 마음은 분명 역도하는 자세에서 기인한다. 두 발을 어깨너비로 벌리고, 바닥에 있는 바벨을 잡을 땐 허리를 곧게 펴고, 시선은 정면을 바라보고, 힘껏 숨을 들이마신 후 바벨을 번쩍 들어 올린다! 그 순간만큼 나는 세상에서 가장 큰 사람이다.

역도에는 크게 두 가지 방식이 있다. 바벨을 어깨까지 들어 올리는 걸 '클린(Clean)', 이어서 머리 위로 올리는 걸 '저크(Jerk)'라고 한다. 이 두 가지를 합친 동작을 일컬어 역도에선 '용상'이라고 한다. 그리고 바벨을 바닥에서부터 곧장 머리 위로 들어 올리는 건 '스내치(Snatch)'라고 하고 역도에선

'인상'이라고 한다. 크로스핏하면서 역도까지 배우게 될 줄 몰랐지만 역도를 배울 수 있어서 얼마나 다행인지 모른다. 크로스핏이라는 운동을 좋아하는 이유의 8할은 바로 역도 덕분이다. 역도를 모르고 살았을 수도 있었다고 생각하면 얼마나 다행인지 모른다.

좋아한다고는 했지만 역도를 누구나 쉽게 배울 수 있는 건 아니다. 나 역시 그랬다. 역도는 바벨을 바닥에서 잡는 시작 지점부터 머리 위로 들어 올리는 마지막 자세에 이르기까지 여러 동작으로 세분되어 있다. 단순히 허리를 곧게 세운 상태에서 팔에 힘을 주어 바벨을 들어 올리는 게 아니다. 몸의 어느 부위에, 언제 힘을 주어야 하는지, 어떻게 움직이고 속도를 내야 하는지 그런 것들을 차근차근 배워가다 보면 내 몸이 지닌 최대한의 힘을 발휘할 수 있다. 그러고 보면 역도는 웬만한 수학 공식에 버금가는 운동이라는 결론이 난다.

처음 역도를 배울 땐 자세가 엉망이어서 코치의 지적과 피드백을 여러 번 받았다. 나는 허리를 곧게 세우고 있다고 생각했는데 꼽등이처럼 굽어 있는 경우가 허다했다. 등 쪽 광배근 주위의 힘을 쓰지 못해서 무조건 팔의 힘으로 들어 올리려고 했다. 여러 번의 시행착오와 연습, 좋은 코칭으로 지금의 나는 꽤 '고인물'● 역도인이 되었다.

나보다 더 훌륭한 역도 자세를 지닌 사람도 많겠지만 내가 경험한 좋은 코칭으로부터 터득한 역도를 잘하는 법 몇 가지가 있다.

우선 코치의 말에 집중한다. 가르쳐주는 사람이 하라고 시키는 것만 제대로 해도 90퍼센트는 다 된 것이다. 집중하는 것은 생각보다 쉽지 않은데, 그 이유는 가끔 나도 모르게 내 멋대로 듣는 경향이 있기 때문이다. 의식은 코치의 말을 듣고 있다고 자부하지만 몸은 내가 생각한 대로 움직인다. 그러니 일단 코치의 말을 집중해서 들으려고 의식적으로 노력한다.

다음으로 다른 사람이 하는 동작을 유심히 살핀다. 나는 주변 사람들을 자주 관찰했다. 아무리 코치의 말에 집중해도 몸이 움직이는 걸 말로 듣는 것과 실제 보는 것과는 천지 차이다. 크로스핏은 여러 사람과

● 어떤 분야에 오랫동안 몸담고 있는 사람을 뜻하는 신조어다.

함께 운동하는데, 내가 초보일 땐 모두가 나보다 오래된 경력자 회원이어서 누구를 봐도 좋은 자세를 배울 수 있었다. 특히 그중에서도 유독 잘하는 사람이 반드시 있기 마련이다. 그 사람이 어떻게 동작하는지 눈으로 좇으면서 그와 비슷하게 따라 하려고 노력했다. 주변을 둘러보면 늘 좋은 스승을 발견할 수 있었다.●

세 번째로 역기를 내 몸에 가까이한다. 바벨은 가로로 긴 작대기 모양인데, 그걸 머리 위로 들어 올리려면 내 몸 앞을 지나치며 올려야 한다. 눈 앞에 길고 무거운 막대기가 지나가면 일단 무섭기 때문에 동작을 배울 때 나도 모르게 몸에서 최대한 떨어뜨려서 들어 올리려고 한다. 하지만 바벨이 몸에서 떨어지면 떨어질수록 바벨은 원을 그리면서 올라가게 되니 들어올려야 하는 거리는 더욱 멀어진다. 반면 바벨을 몸에 최대한 가까이 붙여서 수직에 가깝게 곧장 올린다면 그만큼 들어올려야 하는 거리도 가까워진다.

● 때론 실수하고 제대로 하지 못하는 사람에게서도 '아, 저렇게 하면 안 되는구나'라는 걸 배웠다.

그래서 운동

가장 중요한 것은 이 모든 걸 생각하지 않는 것이다. 역기를 들어 올리는 훈련을 여러 번 해서 몸이 그냥 기억하도록 만들어야 한다. 그래서 시간이 필요한 일이다. 바벨은 들어 올릴 때 이런저런 생각을 하면 그만큼 동작이 느려진다. 역도는 빠르고 단숨에 들어 올리는 동작이기 때문에 스피드를 통해 받는 힘이 크다. 어떤 지식을 머리로는 알 것 같아도 말로 설명할 수 없으면 그것은 제대로 아는 게 아니라는 말이 있는데, 역도도 마찬가지다. 머리로 알 것 같아도 몸이 제대로 기억하지 못하는 건 모르는 것이나 마찬가지다. 역도는 어느 정도 숙달되기까지 오랜 시간이 걸려서 더욱 소중하다.

크로스핏을 하는 사람들 사이에서 역도는 흔히 '쇠질'로 통한다. 역도를 자주 하면 몸에 멍도 자주 생긴다. 클린앤저크(용상)를 하는 날이면 쇄골 부분이 새빨개지고 하루 지나면 시뻘게진다. 스내치(인상)를 하는 날에는 쇄골은 괜찮지만 허벅지에 중구난방으로 멍이 생긴다.

한번은 역도를 한 날, 대중목욕탕에 간 적이 있다. 세신사는 누워 있는 내 몸을 보며 어쩌다 몸에 멍이

들었냐고 물었다. 나는 운동을 한다고 대답했지만,
세신사 분은 도대체 무슨 운동이길래.... 라는 표정을
지었다. 나는 그에게 몸을 맡기고 혼자 상상의 나래를
펼쳤다. 저분은 내가 누군가에게 맞고 다닌다고
생각하는 걸까? 그렇다면 나는 누구에게 맞은 걸까?

   사실 나는 역도로 새긴 멍 자국이 싫지 않다.
오히려 그런 날은 운동을 제대로 한 듯한 기분에
취하기도 한다. 물론 목이 파진 티셔츠를 입기가
좀 그렇고, 대중목욕탕에 가기도 좀 신경 쓰이지만,
역도를 즐겁게 했기에 후회는 없다. 이런 내가 뿌듯해
한 번은 인스타그램 스토리에 멍든 쇄골 사진을
올렸다. 그러자 한 지인이 얼핏 보고 황도복숭아인
줄 알았단다. 그러고 보니 정말이다! 누군가가 때린
흔적이라는 상상보다 훨씬 신선하고 재미있다. 게다가
복숭아라니, 내가 무척 좋아하는 과일이다.

   때론 쇄골과 허벅지에 든 멍으로 역도 자세를
가늠하기도 한다. 제대로 된 자세로 하면 멍 자국도
중구난방이 아니라 한 군데에만 남는다. 운동을
1년 넘게 쉬고 다시 시작한 뒤로 가장 걱정했던
게 바로 역도 동작이었다. 몸이 동작을 얼마나

기억하고 있을까, 싶었는데, 확실한 건 자전거 타기와 비슷하다는 것이다. 어색하긴 해도 조금만 하니 몸이 기억하고 있다는 걸 느낄 수 있었다. 자전거 타기처럼 내 몸에 역도 동작을 새긴 것이다. 내가 멀어지지 않는 한 죽을 때까지 역도 자세는 문제 없겠구나, 싶다.

오늘도 득근득근

운동을 시작한 후 근육도 커지고 체력도 좋아졌다. 무엇보다 사람들을 만날 때마다 운동 얘기를 하기 시작했다. 나는 내가 하는 운동이 얼마나 재미있는지 얘기할 때면 저절로 눈이 반짝거린다. 마침 나처럼 운동 좋아하는 사람을 만나면 그 기쁨은 배가 된다. 꼭 같은 운동을 하고 있지 않더라도 운동에 재미를 붙인 사람과는 대화가 잘 통한다. 특히 여기에는 근육 자랑도 빠지지 않는다.

자기 자랑만큼 하지 말아야 하는 게 있을까. 나도

그래서 운동

자기 자랑하는 사람은 유독 불편하고 싫다. 자신이 얼마나 돈이 많은지 드러내거나, 남들은 모르는 지식을 어려운 용어로 말하며 잘난 체하는 건 정말이지 꼴불견이다. 나 또한 그런 사람이 되기 싫어 평소에 자랑을 삼가는 편이다.● 그런데 근육만큼은, 가진 게 그리 많지 않음에도 불구하고 자랑하고 싶은 마음을 참을 수 없다.

오랜만에 친한 친구들을 만나면 단단해진 팔뚝을 만져보라고 내밀고, 어깨가 넓어진 것 같지 않느냐며 부러 가슴을 활짝 펴 바른 자세를 취한다. 한번은 내가 가르치는 학생들에게도 본의 아니게 자랑했다. 예전에, 학원에서 중학생들과 수업하다가 남학생들과 팔씨름 내기를 한 적 있다. 이건 사실 내가 먼저 제안했다기보다 공부하기 싫어 꾀를 부리던 학생들이 나의 팔뚝과 갈라진 전완근을 발견했고, 그것이 자연스럽게 팔씨름으로 이어진 것이다.

무엇보다 나와 비슷한 성향에 나처럼 운동을

● 사실 자랑할 만한 게 별로 없는 것 같다.

좋아하는 친구를 만나면 그렇게 기뻤다. 서로가 새긴 근육에 "오오!" 감탄사를 내뱉으며 열심히 단련한 시간과 노력에 응원과 찬사를 주고받았다. 팔을 조금 들어 몸을 옆으로 살짝 돌린 후 등 쪽에 붙어 있는 광배근을 보여주고, 보디빌더 같은 자세로 팔뚝 뒤편에 힘을 주어 삼두근이 움푹 패게 만든다. 때때로 만져보라고 강요(?)하기도 한다. 누가 보면 운동선수인 줄 착각할 정도다. 하지만 단언컨대 나의, 우리의 근육 자랑은 그저 어린아이가 자신이 그린 낙서를 부모에게 자랑하는 것과 비슷한, 그런 귀여운 자랑일 뿐이다.

    내 몸은 근육이 골고루 발달한 그런 체형이 아니다. 특별히 발달한 근육이 있는가 하면 아예 물렁물렁한 살로 뒤덮인 부위도 허다하다. 특히 복근은 단 한 번도 내게 모습을 보여준 적 없다. 어쩌면 평생 내외할지도 모르겠다. 몇몇 근육만 발달한 건 좋아하는 운동만 편식한 이유도 있지만, 생각만큼 다양하게 근육을 쓸 수 있는 능력이 부족했다. 어쨌든 모든 근육을 다 갖고 싶지만 그럴 수 없다 보니 특히 좋아하게 되는 근육이 생겼다. 바로 팔꿈치 밑으로 이어지는 전완근이다.

그래서 운동

내가 나의 전완근을 처음 인식한 것은 벌써 오래전 일이다. 크로스핏을 시작한 지 1년 쯤 지났을까. 운동 오래 한 티가 팍팍 나는 회원 한 분이 내 팔을 보더니 "여자분인데 전완근이 그렇게 갈라진 거 처음 봐요"라고 했다. 나는 팔을 쓱, 내려다보면서 덤덤한 척 "그런가요?"라고 말했지만, 이미 마음속에선 어깨 뽕이 으쓱, 입꼬리도 슬쩍 올라갔다. '언제 이런 게 내 몸에 생겼지? 힘을 주니까 선명하게 두 줄로 갈라지네? 내가 운동을 잘하긴 하나 보다! 근육이 잘 생기는 체질인걸?' 하며 뿌듯해했다. 그래, 이 맛에 운동하지!

그 후로 종종 팔을 내려다보며 주먹을 꽉 쥐고 전완근이 단단해지는 걸 확인하는 게 습관이 되었다. 혼자서도 그렇게 나의 근육을 느끼며 기쁨의 미소를 지었다. 전완근이 발달한 건 크로스핏에서 풀업이나 역도 동작을 많이 한 덕분이 아닐까 싶다. 물론 풀업이나 역도가 꼭 팔의 힘만 쓰는 건 아니다. 등, 어깨, 가슴 근육을 적절히 써서 동작해야 한다. 나는 전완근이 발달한 데 비해 상대적으로 등, 가슴, 어깨로 이어지는 팔뚝 부분의 근육은 시간이 지나도 단련이 더디었다.

전완근만 이토록 발달한 이유에 대해 한참 지나 들은 말이 하나 있다. 특히 여성의 경우 어깨 근육이나 팔뚝 등 다른 데 근력을 제대로 쓰는 훈련이 덜 되어 있다 보니 상대적으로 전완근을 더 쉽게 쓰게 된다고 한다. 그래서 분명 다른 근육을 써야 하는 동작인데도 본인이 쓰기 쉬운 근육을 먼저 찾게 된다는 것이다. 그러고 보면 꼭 써야 하는 근육 대신 다른 근육의 힘으로 동작하는 일도 많았다. 그것이 간혹 몸의 특정 부위에 통증이 오는 이유였다. 운동을 하면 할수록 몸에 대해 알아가는 게 많아졌다. 중요한 건 모든 근육을 제대로 쓸 줄 알고 골고루 단련하는 것이다.

운동하는 사람들 사이에선 '득근'이라는 말이 유행한다. 무언가를 얻었을 때 '득템'이라고 말하는 것처럼 근육을 얻는다는 뜻이다. 언젠가 나처럼 운동을 좋아하는, 그래서 운동에 진심인 지인에게 새해 인사로 "새해 복 많이 받으세요"라는 말 대신 "새해에도 득근하세요"라고 전했다. 운동을 좋아하고 나아가 근육을 좋아하는 사람이 많아짐이 기쁘다. 내가 근육 자랑을 당분간 계속할 수 있는 이유다.

근육은 한번 새기기 어려운 만큼 꾸준히 반복하고

단련하지 않으면 사라지는 것도 한순간이다. 근육 자랑을 위해서라도 운동을 놓지 말아야겠다는 생각이 든다. 동작을 반복해서 연습해 나아지고, 무게와 횟수를 점점 늘려가며 정진해야겠다. 그리하여 오늘도, 내일도 득근할 수 있기를. 몸이란 느린 속도지만 분명 성실하게 자기 할 일을 해나간다. 단련한 만큼 몸에 근육을 새기고 능력을 향상해 나간다. 그것이 기쁘고 즐거워서 계속 운동한다. 단단한 몸을 만져보며 스스로 자랑해 마지않는다. 그리고 또 운동 좋아하는 친구를 만나면 물어봐야지. "요새도 운동하고 있어요?"

달리는 순간

크로스핏하면서 새로운 운동을 많이 배웠다. 턱걸이를 비롯한 다양한 풀업 동작, 물구나무서기, 역도와 케틀벨 운동까지. 크로스핏이 아니었다면 이런 운동이 있는 줄도 몰랐을 것이다. 새로운 동작을 배우고 몸에 익히는 재미가 있는가 하면, 어릴 때 줄곧 해서 익숙한 운동을 하는 것도 새삼 신기했다. 윗몸일으키기, 달리기, 줄넘기 이런 건 특히 초등학생 때 해 봤던 운동이다. 그러다가 중, 고등학생이 되면서 체육 시간이 줄어들었고, 운동 혹은 몸 움직이는 것과 점점 멀어졌다. 20대는 거의 운동과 담쌓고 지내던 시절이었다 해도 과언이 아니다.

윗몸일으키기, 줄넘기, 달리기 모두 10여 년도 더 지나 다시 하려니 새로 배우는 운동만큼이나 쉽지 않았다. 당연한 말이지만 몸이 무거워진 탓이다. 윗몸일으키기도 1분에 40개는 거뜬히 했던 것 같은데, 다시 해 보니 20개도 힘들었다. 줄넘기 이단 뛰기도 어릴 때 곧잘 했는데, 자꾸 발에 줄이 걸렸다. 크로스핏을 꾸준히 한 지 한 달여 지났을까. 어린 시절만큼은 아니지만 안 되던 동작이 다시 몸에 익기 시작했다. 단지 어릴 적엔 쉽게 하던 동작을 조금밖에 못 한다는 게 좀 속상했다.

무엇보다 달리기. 달리기는 정말 힘들었다. 가끔 와드로 달리기를 하면 그 시간이 그렇게 고역이었다. 크로스핏 체육관 밖으로 나와 차가 없는 골목을 이용해 보통 200미터에서 400미터 정도를 뛰었다. 20대 때 제대로 뛰어본 적 없었다가 서른 살이 되어 처음 뛴 날, 나는 내 심장이 바깥으로 터져 나오는 줄 알았다. 뛰기 시작한 지 20초도 안 되어 숨이 탁탁 막혔다. 달리기가 원래 이렇게 힘들었나? 싶던 건, 초등학생 때는 나름

릴레이 달리기 주자로 반 대표까지 했다는 사실이 떠올라서다. 어릴 적 가볍고 재빠르던 모습이 이젠 꿈결처럼 느껴진다.

점차 시간이 흐른 후에는 달리기도 더는 20초 만에 지치지 않게 되었다. 신기하게도 처음엔 그렇게 죽을 듯이 힘들더니 어느새 1분 정도는 괜찮았고 그다음엔 2분 정도 뛸 만했다. 분명히 서서히 나아졌다. 크로스핏을 하고 체력이 좋아지자 등산도 좋아졌다. 우리나라 육지에서 가장 높은 지리산과 섬에서 가장 높은 한라산을 각각 당일치기로 오르며 스스로 체력이 좋아졌음을 체감했다. 둘 다 새벽 일곱 시쯤부터 오르기 시작해서 지리산은 오후 다섯 시 전에 내려왔고, 한라산은 오후 네 시 전에 내려왔다.

또 마라톤에 도전하고 싶어졌다. 물론 42.195킬로미터인 풀 마라톤을 뛸 정도의 자신감은 없었다. 마침 10킬로미터를 뛸 수 있는 마라톤 행사가 있어 참여하게 되었다. 많은 사람이 사진을 찍는 데 더 열중하는 축제에 가까웠지만 그래도 10킬로미터를 한 시간 안에 완주했다. 그 당시 달리기에 관한 내 인식이 얼마나 부족했냐면, 런닝화가 없어서 평소 신던

스니커즈를 신고 뛰었다.● 뛰던 중반부터 발바닥이 불난 듯 아팠지만 그럼에도 완주할 수 있었던 건 크로스핏으로 얻은 체력 덕분이었으리라.

하지만 몸은 참 정직해서 운동하지 않고 몸을 방치할 때면 체력이 떨어지는 것도 금방이었다. 다시 운동할 다짐을 하고 실천으로 옮기는 일은 엄청난 계기가 필요할 것 같았지만 나의 경우 더는 생각하지 않음으로써 해결했다. 그러니까 운동하지 않을 이유를 더는 생각하기를 멈췄을 때, 다시 운동을 시작할 수 있었다. 한편 운동에 관한 책도 종종 읽었다. 그중 무라카미 하루키의 《달리기를 말할 때 내가 하고 싶은 이야기》를 읽고 달려야겠다는 마음이 적잖이 들었다.

이 책에서 하루키는 자신의 심박수가 50에서 60 사이를 왔다 갔다 한다고 밝혔다. 보통 사람들의 심박수는 70에서 80 사이다. 의사는 건강한 사람이 심박수가 낮으면 달리는 사람이라는 걸 단번에

● 하필 그날 운동할 때 신는 운동화를 세탁 맡기고 찾아오는 걸 깜박할 건 뭐람. 그때 그 스니커즈는 캔버스화에 가까웠는데, 10킬로미터를, 그것도 아스팔트 위를 달리고 결국 밑창이 떨어지며 장렬히 전사했다.

알아챈다. 평소 심박수가 40인 마라토너도 있다고 하는데, 얼마나 달리기를 오래 한 건지 나로서는 가늠도 안 된다. 나는 하루키처럼 달리는 사람의 심박수를 갖고 싶어졌다. 그즈음부터 집에서 15분 거리에 있는 바닷가를 뛰기 시작했다.

    크로스핏을 할 땐 1분 아니면 2분 정도 달렸지만 이번엔 10분 이상 달리기로 했다. 거리로는 적어도 3킬로미터. 가능하다면 5킬로미터를 한번에 달리고 싶었다. 하지만 오랜만에 달리는 내 몸은 6분 좀 넘게 달리고 1킬로미터가 조금 지났을 때 옆구리에 통증을 안겨줬다. 달릴 때 흔히 배가 당긴다고 하는 이 통증은 횡격막의 경련 때문이다. 갑자기 강하게 달리면 창자와 횡격막이 붙어 있는 인대에 자극이 간다고 한다. 아니면 달리기 두 시간 전에 먹은 음식 소화가 덜된 걸지도 몰랐다. 겨우 1킬로미터 뛰고 너무 힘들어 뛰기를 멈추고 싶었지만 조금만 더 뛰어보자고 스스로를 다독였다. 배가 아팠지만 눈앞에 보이는 저기, 길이 왼쪽으로 꺾이는 지점까지 뛰자고 속으로 맘먹었다. 왼쪽으로 방향을 튼 후에도 조금 더 달리다가 이제는 정말로 못 뛰겠다 싶을 정도로 배가

그래서 운동

아파지자 잠시 숨을 고르며 걸었다. 그리고 가쁘게 몰아쉬던 숨이 조금 회복되었다 느끼자마자 다시 뛰었다.

그때 마침 촘촘하고 얇은 소나기가 내렸다. 왠지 반가웠다. 이미 몸은 땀으로 젖어있어 그런지 비 맞는 게 별로 대수롭지 않았다. 빗방울이 굵지 않아 맞을 만하기도 했다. 비를 맞으니 묘하게 해방감과 더 깊은 자유가 밀려왔다. 그런 충만함만 있었던 건 아니고 빗물이 자꾸 눈에 들어가는 바람에 제대로 눈을 뜨기 불편했다. 다음엔 모자를 쓰고 뛰어야겠다고 생각했다. 나는 가끔 마른 땅에서도 넘어지는 경우가 있기에 빗길에 미끄러지지 않으려고 집중해서 발을 내디뎠. 이 모든 상황이 달리기를 결심한 첫날답게 특별하다는 기분이 들었다.●

뜨거운 국물을 마시면서 시원하다고 하거나, 마찬가지로 온탕에 몸을 담그고 시원하다고 느끼는

● 뭐든 의미 부여하기 좋아하는 것은 아무래도 글을 쓰며 생긴 습관이 아닐까 싶다.

것처럼 땀을 한 바가지 흘리고 가쁜 호흡을 몰아쉰 후에 찾아오는 이 개운함은 느껴본 사람만 알 테다. 개운함은 복잡한 머릿속을 정화해 준다. 좋지 않은 기분이나 마음도 민들레 홀씨처럼 흩날려 보낸다. 운동은 하기 전의 귀찮고 하기 싫은 마음을 극복하고 막상 해버리면, 결국에는 좋은 기분을 안겨준다.

    나는 달리기를 할 땐 아무 생각도 하지 않는다는 하루키와 수많은 러너의 말에 백번 공감한다. 달리기를 하면 무념무상의 상태에 이른다. 생각이라고 해 봤자 고작 숨이 차다, 다리가 아프다, 얼마나 더 달려야 할까, 몇 분이나 지났지? 속도를 좀 올려볼까? 따위다. 그러니까 이런 생각은 오로지 달리는 내 몸에만 집중하려는 생각이다. 평소에 나를 걱정하게 만드는 일, 신경 쓰이는 사람, 불안한 마음 들은 달릴 때만큼은 하나도 신경 쓰지 않는다. 아, 그래서 운동을 하면 몸은 힘들어도 기분이 맑아지는구나. 몸을 움직이는 순간만큼은 번잡함을 날려버릴 수 있구나, 싶다. 이 맛을 알아버린 후 나는 종종 달리기를 하게 되었다. 짧게라도 달리는 순간을 즐기는 내가 좋아졌다.

운동 중독과 운태기

크로스핏은 짧은 시간에 가진 체력을 다 끌어올려야 하기에 유독 힘들다고 소문난 운동이다. 하고 나면 온몸을 땀으로 샤워하고 심장이 미친 듯이 뛰어대 도저히 조용히 숨을 쉴 수조차 없다. 그런데 이런 순간을, 크로스핏하는 사람들 대부분은 매우 좋아하는 듯 보인다. 아찔하게 힘든 찰나의 순간을 즐거워하는 사람들 덕분에 크로스핏을 변태 운동이라고 부르는 사람도 있다. (바로 나!)

이 운동이 힘들어서 싫다는 사람이 있는가 하면,

그래서 운동

힘들기 때문에 좋다는 사람도 꽤 많다. 호불호가 그만큼 명확하다. 무거운 걸 들어 올리고, 빠르게 움직이고, 사람들과 경쟁하며 온몸에 땀을 쏟아내는 크로스핏이 내겐 잘 맞다. 물론 힘들어 포기하고 싶은 순간도 많다. 하지만 운동이 끝나고 바닥에 드러누워 거친 숨을 몰아쉬며 그 어느 때보다 큰 숨소리를 들을 때, 심장박동이 빠르게 쿵쾅쿵쾅할 때, 순간 살아있다는 감각과 차오르는 카타르시스가 엄청나다. 그래서 혼자 하거나 조용한 운동보다는 시끌벅적한 이 운동이 맘에 들었나 보다.

다른 운동도 그런지 모르겠지만 크로스핏은 하다 보면 너무 좋아서 하루도 빠지지 않으려는 마음이 찾아온다. 크로스핏은 그대로인데 내 마음만 이만큼 커져서 시도 때도 없이 크로스핏을 떠올리는 게, 마치 상사병 같다. 달리 말하면 운동 중독 증상이다. 원래 중독이라는 표현은 주로 마약이라는 단어와 함께 나쁜 의미로 쓰이지만, 요즘은 꼭 그렇지도 않다. 한때 '국가가 유일하게 허락한 마약, ○○' 같은 밈이 유행했다. '○○' 자리에는 음악, 뮤지컬, 춤 같이 자신이 좋아하는 것이라면 뭐든 넣을 수 있다.

좋아하는 것을 향한 엄청난 열정을 표현하는 의미로
'중독'이란 표현은 승격되었다.

내가 운동 중독, 더 정확히는 크로스핏 중독에
빠졌을 때, 모든 일과를 크로스핏 중심으로 계획했다.
매일 운동을 끝내면 그다음 날 할 운동을 떠올렸고,
체육관 시간표에 맞춰 다른 일정을 짰다. 직장인이
아닌 프리랜서여서 운동하는 시간을 유연하게 변경할
수 있었다. 매일 밤 자기 전 침대에 누워 다음 날 와드를
떠올리며 몇 시에 운동하러 갈지 정하는 게 즐거운
루틴이었다. 몇 번은 꿈속에서 헉헉대며 운동을 했다.
운동하기 전에는 무겁게 식사하지 않았고,● 매일
온라인 카페에 와드가 올라오기만을 기다렸다. 도저히
짬이 나지 않아 운동을 못하게 되는 날도 있었는데,
그럴 때면 어찌나 아쉬운지, 그것은 연애할 때 애인을
못 보는 아쉬움보다 훨씬 컸다.

그런가 하면 반대로 운동이 귀찮아지는 시기가
찾아오기도 했다. 인터넷 세상은 권태로움을 뜻하는

● 대신 운동이 끝나면 무겁게 먹어댔다.

그래서 운동

권태기라는 단어에 운동을 합성한 '운태기'라는 신조어를 유행시켰다. 한 가지 일을 오래 할 때면 처음의 설렘이 사그라지고 편해지면서 별 감흥이 없다가 되려 싫증 나는데, 그런 순간이, 운동에도 찾아왔다. 가끔 운동을 하러 가는 게 싫어질 때면 별것 아닌 게 모두 운동하지 않을 핑곗거리였다.

'와드가 너무 힘들 것 같은데....'
'일정이 애매해서 시간이 촉박한데....'
'오늘따라 몸이 좀 무거운데....'
'왠지 감기 기운이 있는 것 같은데....'

크로스핏을 처음 시작한 후로 8년째에 접어들었지만 그동안 한 번도 쉬지 않고 꾸준히 한 것은 아니다. 가장 길게 쉰 건 1년이 넘었었다. 돌이켜 보면 운동을 일주일 쉬었다 복귀하는 것보다 1년 쉬었다 복귀하는 것이 더 어려웠다. 1년 넘게 쉬던 시기는 마침 코로나19와 겹쳐 코로나블루를 앓았다. 몸을 움직이지 않으니 몸뿐 아니라 마음도 점점 무거워졌다. 운동을 안 해도 살아지니 굳이 해야 할 이유를 생각하지 않았다. 늘 할 일은 넘쳐나서 운동하지 않을 핑계만 늘어갔다. 한 번 멀어진 마음을 다시 가깝게 하기란 참으로 어려웠다.

그러다가 문득 더는 이 핑계 저 핑계 생각하지 않기로 했다. 세상을 구하는 영웅처럼 갑자기 각성의 순간이 찾아왔다. 언젠가 읽은 문장이 떠올랐다. 너무 마음에 와닿아서 스마트폰 카메라로 찍어두고 소셜미디어 프로필 사진으로 저장까지 해둔 그 문장은 이러하다.

"핵심은 이것이다. 무언가를 진짜로 하고 싶다면, 그것에 대해 생각하기를 멈추라. 그걸 실행하려고 할 때 머릿속에서 시작되는 '훼방 놓는 마음'과 대화하기를 그만두라. 미끼를 물지 마라. 자신과 논쟁하기를 멈춰라. 무언가 중요한 것을 하기로 결심한 후에는 의문 따위는 품지 마라(《4초》, 피터 브레그먼, 타임비즈, 2016)."

이 구절을 떠올리고 나는 운동을 하기 싫은, 혹은 하지 않아도 될 수백 개의 이유를 싹둑 잘라낼 수 있었다. 집 근처 크로스핏 센터로 향했고, 몇 주간 귀찮음과 싸우는 과도기를 거쳐 다시금 꾸준히 운동하는 정착기에 접어들었다.

물론 그 뒤로도 운태기는 가끔 또 찾아온다. 마치

건기와 우기를 반복하는 것 같다. 다만 그 시기는 명확하지 않고 제멋대로다. 왠지 운동하러 가는 게 싫고 그냥 쉬고 싶다는 마음이 들면, '아, 이것이 운태기인가'하고 알아챌 뿐이다. 다만 이제는 너무 오래 쉬는 것만은 피하려고 의식적으로 노력한다. 그러지 않으면 몸의 상태뿐만 아니라 마음도 무거워진다는 걸 체험했기 때문이다. 운동하기 싫을 때가 찾아오면 내 나름대로 처방전을 찾아 이리저리 시도하고 운동을 다시 좋아하게끔 만든다. 운태기를 극복하는 데 도움이 되었던 나만의 몇 가지 방법이 있다.

첫째, 일단 움직인다. 평소보다 몸이 무겁거나 혹은 마음이 무거울 때는 운동하러 나갈 준비를 하는 것조차 무척 힘들다. 엄청난 핑계들과 싸워야 하는데, 이때 눈 딱 감고 내 생각들을 못 본 척한 다음에 '일단 움직이자'는 생각만 한다. 그래서 '일단 체육관에 가자'라는 마음에만 집중한다. 그러면 운동을 한다는 직접적인 생각이 아니기 때문에 체육관에 가는 것은 비교적 쉬워진다. 이럴 때 이왕이면 집과 가까운 거리에 체육관이 있는 편이 낫다. 거리가 멀면 또 거기에 대한 핑계가 생기니까 말이다. 그렇게 체육관에

도착하면 생각한다. '이왕 여기까지 왔는데 운동,
까짓거 하는 게 좋겠지?' 주어진 환경에서는 생각보다
몸을 움직이는 게 수월해서 결국 운동을 하게 된다.
더 신기한 건 그렇게 무겁던 몸과 마음이 운동을
하고 나면 가볍고 산뜻해진다. 운동을 하지 않아서
몸이 천근만근이었구나, 싶기까지 하다. 역시 '시작이
반이다'는 말은 진리다.

 둘째, 운동복을 새로 산다. 이미 집에는 제때
빨래하지 않아도 일주일은 족히 입을 운동복이
넘치지만 그런데도 가끔 온라인 쇼핑몰을 기웃거린다.
언젠가부터 일상복보다 운동복을 사는 게 더 행복하다.
운동이 지겨워져도 운동복을 새로 사는 건 아직 지겨운
적이 없다. 가끔 오늘은 운동 쉬어야겠다, 싶다가도
택배가 때마침 도착해 주면 자연스럽게 새 운동복을
꺼내 입고 운동하러 가는 나를 발견한다. 자주 입어서
내 몸에 자연스럽게 맞는 옷도 좋지만 소매나 카라가
빳빳하게 서 있는 새것의 느낌에 덩달아 기분이
산뜻해지기도 한다. 운동복 말고도 운동화를 비롯한
각종 운동 장비도 마찬가지의 효과가 있다. 단점은
통장의 출혈이 심하다.

그래서 운동

셋째, 한눈을 판다. 아무리 좋아하는 운동이라도 너무 오래 하나에만 취해있으면 지치기 마련이다. 음식에 비유하자면 맛있는 김치볶음밥도 한 달간 매일 먹으면 물리는 것처럼 말이다. 나도 좋아하는 간식이나 음료가 있으면 한동안 매일 그것만 사 먹곤 하는데, 결국 몇 개월 후면 입에 물리게 되고 차츰 사 먹는 빈도가 줄어든다. 음식뿐만 아니라 음악도 마찬가지다. 맘에 드는 노래가 있으면 그것만 하루 종일 반복해서 듣곤 한다. 그렇다고 한 달이고 일 년이고 계속 듣진 못한다. 세상에는 맛있는 음식이나 좋은 음악이 도처에 널렸고, 이건 운동도 마찬가지다. 크로스핏이 운동의 즐거움을 알게 해줬기에 자연스럽게 다른 운동에도 관심을 가질 수 있었다. 가끔은 크로스핏과 정반대의 성격을 가진, 혹은 비슷하지만 색다른 운동을 하기도 한다. 긴 시간 하나의 움직임과 긴 호흡, 명상을 함께하는 요가를 하기도 하고, 돌멩이를 잡고 벽을 올라가는 실내 클라이밍을 하는 것도 재미있다. 때론 집 근처 바닷가를 잠시 달리는 것도 기분전환이 된다. 시간과 비용만 허락한다면 더 많은 운동을 해보고 싶다. 이렇게 다른 운동을 하다 보면 또다시 크로스핏을 할 마음은 새록새록 돋아난다. 역시나 크로스핏만큼 재미있는 게 없다는 걸 느끼게 되니, 꽤 효과적인 방법이다.

넷째, 죄책감을 없앤다. 때론 어쩔 수 없이 쉬어야만 하는 경우도 있다. 통증을 느끼는 부위가 있다거나 부상 혹은 다쳤거나 몸이 아플 때, 혹은 정말 해야 할 일이 많아 바쁠 때다. 그럴 땐 쉬어야 하는 이유가 분명하다. 하지만 죄책감이 따라온다. 그래서 운동하지 않는다는 것에 죄책감을 느끼지 않도록 일부러 유의한다. 내 몸을 잘 돌보려면 운동하는 것만큼 쉬어주는 것도 중요하다는 생각을 의식적으로 한다. 아예 운동에 대한 마음을 놓아버리는 것과 충분한 휴식을 취하는 건 좀 다르다고. 게다가 난 직업적인 운동선수가 아니므로 철저하게 스케줄에 맞춰 운동을 많이 할 필요가 없다고. 그저 아프지 않게 즐겁게 취미처럼 즐기면 되는 거라고.

운동하는 걸 좋아하는만큼 운동하지 않는 것도 좋아한다. 그래서 가끔은 아무 생각 없이 쉰다. 쉬는 것은 또 쉬는 대로 기분 좋은 운동법이라고 믿는다. 운동을 하는 게 억지로가 되면 그 순간부터 재미는 사라진다. 건강을 위해서도 필요하지만 무엇보다 즐거움을 위해 운동을 하는 게 좋다. 즐거움을 누리면 자연히 건강도 좋아지게 된다고 믿어 의심치 않는다.

쇼핑의 즐거움

　　　　　　　나는 운동복을 좋아한다.
운동복은 입어도, 입어도 질리지 않는다. 일하러 갈
때나 친구를 만나러 갈 때 입을 평상복을 고르는
것보다 운동하러 갈 때 입을 운동복을 고르는 게 훨씬
설렌다. 다른 그 어떤 옷보다도 운동복을 입었을 때
가장 나답다고 느끼기도 한다. 무엇보다 운동복은
입으면 편하다. 어떤 움직임을 해도 불편하지 않다.
　가장 좋아하는 조합은 레깅스와 헐렁한 반소매
티셔츠다. 헐렁한 반소매 티셔츠만큼 편한 옷이 또

있을까 싶다. 어깨에 딱 맞게 떨어지는 소매라인은 팔뚝을 자연스럽게 가려주고 가슴이나 뱃살을 부각하지도 않아서 좋다. 몸의 불필요한 노출이나 불편함을 없애주면서 움직임에서도 자유롭다.

    레깅스 예찬을 좀 하자면 이 옷은 몸에 착 달라붙지만 꽉 끼는 불편함이 전혀 없다. 물론 허리부터 엉덩이, 허벅지 모든 하체 라인이 적나라하게 부각된다. 그래서 일상복으로 입을 때면 주변 사람들이 부담스럽게 생각하기도 한다. 그럼에도 불구하고 한 번 입었을 때 느낀 편안함은 단점을 덮고도 남을 만큼의 장점이다. 바짓단이 발목을 덮는 일자로 된 긴 바지나, 발목은 잡아주는 대신 통이 큰 운동복도 편하긴 하지만 레깅스만큼은 아니다. 레깅스는 어떤 자세에도 방해하는 일이 없다. 통이 큰 바지는 걸어 다니는 건 편해도 무릎을 굽혔다 폈다 하는 건 걸리적거릴 수 있다. 말하자면 레깅스는 운동복계에서 군더더기 없기로 1등이다. (나의 기준에서 말이다.)

    예전엔 운동복을 일상복처럼 쇼핑한다는 생각을 하지 못했다. 지금은 운동복 브랜드가 많아지고 종류도 다양해서 선택의 폭이 굉장히 넓다. 그만큼 운동을 즐기는 사람이 많아졌다는 뜻일 테다. 나도 주기적으로 운동복을 산다. 운동복 쇼핑은 즐겁다. 특히 가격 부담이 적은 티셔츠를 색상별로 여러 장 사는 게 좋다. 땀을 많이 흘린 운동복은 바쁘지 않으면 입은 후 바로 바로 손빨래를 한다. 보통 햇살 좋은 다음 날이면 다 마르지만 매일 다른 운동복을 꺼내 입는다. 그편이 운동을 더 즐겁게 해준다. 예쁜 운동복은 운태기에 특히 힘을 발휘한다. 새로 산 운동복을 입기 위해서라도 운동하러 간다. 새 운동복을 입고 운동하면 평소보다 훨씬 기분이 짜릿하다. 왠지 운동도 더 잘 되는 것 같은 기분은 덤이다.

크로스핏을 하면서 장비도 많아졌다. 이제 나는 낚시 좋아하는 사람이 낚시용품을 사는 것, 캠핑 좋아하는 사람이 캠핑용품을 사는 것 따위를 십분 공감한다. 크로스핏을 좋아하는 마음은 장비를 사고 싶은 마음으로 자연스럽게 이어졌다.

시작도 하기 전에 이것저것 사들인 것은 아니다. 내가 첫 장비를 산 것은 크로스핏을 한 지 1년쯤 지났을 때였다. 운동하는 데 도움이 될까 싶어 손목 보호대와 손바닥 보호대를 장만했다. 손목 보호대는 턱걸이나 역도 같은 동작을 할 때 손목에 무리가 가는 걸 방지해 주고, 손바닥 보호대는 철봉에 손바닥이 까지는 걸 방지해 준다. 이 두 가지 장비는 운동을 오래 한 사람들이 추천해 준 것이다. 많은 장비가 있지만 가장 필요하면서도 자주 쓰는 것이 바로 손목, 손바닥 보호대라고 했다. 확실히 손목이 약한 나에게 손목 보호대는 플라시보 효과일지언정 꽤 도움이 되는 장비였다. 손바닥 보호대도 마찬가지다. 이제 철봉에 매달릴 때 손바닥 보호대가 없으면 올라가지 못할 정도다.

그 후에 가끔 무릎 통증이 있어 무릎 보호대를 샀다. 웨이트나 역도를 할 때 배를 풍선처럼 부풀려 힘을 주는 복압에 도움될 허리벨트도 장만했다. 역도 동작을 할 때 바벨을 잡으면 엄지손가락이 좀 아픈데, 손가락 통증을 줄여주는 테이프도 사고 역기를 들 때 악력을 보완해 줄 스트랩까지 구매 완료!

흔히 장비력, 장비빨이라고 한다. 이렇게 장비까지 산다는 건 어느 정도 크로스핏을, 운동을 꽤 하게 되었다는 뜻과도 같다. 처음에는 굳이 이런 장비들이 필요 없었다. 운동하는 방법을 익히고 연습하면서 더 제대로 된 동작을 하게 될 때 비로소 장비빨을 느낄 수 있다. 운동에 돈 쓰는 것도 아까워하던 내가 운동 장비까지 사들일 줄 몰랐다. 사람은 필요에 따라 씀씀이가 달라지기도 하고 우선순위, 소비에 대한 생각도 덩달아 달라지는 것 같다. 좋아하는 걸 더 즐기고 잘하기 위해서 나의 소비항목은 조금씩 달라지고 있다.

    물론 몸을 다치지 않게 하고 부상을 방지하고 보호하기 위한 장비지만, 그렇다고 꼭 필요한 것은 아니다. 인간의 몸은 똑똑해서 부상 입을 경우를 예상하고 주의할 수 있다. 다만 안전한 범위에서 조금 더 나를 키워보고 싶을 때가 찾아오고, 그럴 때 운동장비는 탁월한 효과를 선사한다. 플라시보 효과일지라도 운동장비는 내가 운동을 더 잘하는 사람으로 만들어 주기도 한다. 평소보다 무게를 많이 치고 기록이 올라가면 이거 왠지 장비를 착용해서 그런 건가, 싶기도 하다. 게이머가 아이템을 장착하면 더 잘하게 되는 것처럼, 크로스핏하는 나도 장비를 착용하면 운동능력이 좋아진다는 믿음, 괜찮지 아니한가.

방심과 집중

한 친구가 말하길 운전자는 1년 차일 때보다 2년 차일 때 교통사고를 더 많이 낸다고 한다. 어느 정도 익숙해지는 시기가 되면 집중력이 떨어지며 방심의 위험이 높다는 얘기다. 운동도 운전과 비슷한 감각이 있다. 내가 크로스핏을 한 지 2년 차에 접어들었을 때 어깨를 접질렸다.

그날도 어김없이 어떤 와드를 할지 미리 확인한 후 설레는 마음으로 체육관으로 향했다. 컨디션도 좋았고 오늘도 기록을 잘 세워 보리라는 마음이 불끈거렸다.

수업이 시작되고 본격적인 운동을 하기 전에 두 팀으로 나누어 간단한 게임을 했다. 크로스핏은 커뮤니티성 운동이라 회원들과 간단한 놀이를 하며 친밀감을 높인다. 놀이는 몸을 움직여서 열을 올려주는 준비운동(Warm Up)의 기능도 있고, 다양한 도구들로 와드만큼이나 여러 가지 게임을 만들 수 있어서 즐거움도 크다.

가령 AB메트라고 하는, 팔꿈치에서 손바닥까지 정도 길이의 직사각형 모양에 위쪽 면이 살짝 반구 형태로 돌출된 매트가 있다. 이것은 윗몸일으키기를 할 때 허리의 아치를 받치거나 물구나무서서 팔굽혀펴기를 할 때 머리에 대는 용도로 주로 쓰인다. 이 매트를 가지고 하는 웜업 게임은, 매트를 피자도우로 생각하고 손바닥에 올린 후 그것을 바닥에 떨어뜨리지 않는 것이 규칙이다. 모두가 한 손바닥 위에 매트를 올려놓고 나머지 한 손으로 다른 사람의 매트를 쳐서 떨어뜨려야 한다. 내가 움직이다가 제대로 균형을 잡지 못해도 떨어뜨릴 수 있다. 그래서 내 피자(?)를 사수하기 위해 사람들 틈을 요리조리 피하다 보면 균형감과 더불어 민첩성도 발달된다. 모두가 남의 피자(?)를 떨어뜨리려고 안간힘을 쓰는 모습을 보면 눈물이 찔끔 날 정도로 웃긴다.

    이른바 웜업 게임은 즐거움을 느끼면서 몸도 적당히 풀 수 있어 효율이 높다. 승부가 난 뒤 진 팀은 가벼운 벌칙을 받는다. 벌칙도 운동이다. 내가 본 바로는 대개 버피 테스트라는 동작이 벌칙이다. 버피라고 줄여서 부르는 이 동작은 엎드려서 팔굽혀펴기를 한 번 하고 손바닥은 아직 바닥에 댄 상태에서 몸통부터 일으켜 두 발을 손 있는 곳 가까이 끌어와 몸을 반쯤 일어선 다음 허리를 세우고 뛰면서 손뼉을 치는 것까지 한 동작이다. 전신을 모두 쓰게 되고 여러 번 반복하면 숨이 찰 정도로 힘들다. 생일을 맞은 회원에게 축하를 해주고 난 뒤 나이만큼 버피 테스트를 시키기도 한다. 내가 본 크로스핏터들 중에 버피를 좋아하는 사람은 단 한 명도 본 적 없다. 나도 버피라고 하면 치가 떨릴 정도다.

    내가 어깨를 접질리게 된 그날의 웜업 게임은 케틀벨을 이용한 것이었다. 각각 팀별로 일곱 개 정도의 케틀벨을 직선으로 길게 줄지어 놓은 뒤, 팔굽혀펴기 동작 한 번에 케틀벨 하나를 터치하면서 점진적으로 이동해야 했다. 한 사람이 모든 케틀벨을 터치하고 끝내면 그다음 사람이 바통을 이어받는다. 릴레이식으로 해서 모든 팀원이 먼저 끝내는 팀이 이기는 게임이었다. 속도는 막상막하였다. 나는 한창 운동이 익숙해진 숙련자의 기분으로 꼭 이기고 싶었다. 불타오르는 호승심이 앞서서 최대한 빠르게 팔을 굽혔다가 피고 케틀벨을 손으로 터치하고를 반복했다. 나는 팀의 마지막 주자였고, 승부에 급급한 나머지 내 몸보다 마음이 먼저 움직였다. 마지막 케틀벨을 앞두고 팔을 굽혀 어깨를 바닥에 내리기와 옆으로 이동하기를 동시에 했다. 순간 삐끗한 듯 심상치 않은 통증이 어깨 쪽에 번졌다. 어깨를 돌리거나 만세를 하며 이리저리 움직여 보니 분명한 통증이 느껴졌다. 한동안 어깨를 쓰는 운동은 힘들겠다 싶었다. 되도록 어깨에 무리가 가지 않으려면 어깨 움직임이 큰 운동은 자제해야 했다. 조심하면 조만간 나아질 거라고 믿었다.

    2주 정도 흘렀지만, 아무래도 나을 것 같은 기미가 안 보였다. 그제야 병원을 방문했다. 의사는 인대가 충격을 받은 것 같다는 진단과 함께 소염제를 처방하고 물리치료를 받도록 했다. 그러나 내겐 큰 효과가 없었다. 여전히 운동을 하러 가도 어깨 통증이 있는 동작은 할 수 없었다. 어깨를 아예 안 쓸 수는 없고 어깨에 무리가 덜 가는 동작으로 바꾸어 와드를 하곤 했다. 운동 전후로 어깨에 좋다는 스트레칭과 재활 동작도 틈틈이 했다.

    크로스핏은 대부분의 동작에서 어깨를 쓸 수밖에 없었다. 꼭 그렇지 않더라도 운동하면서 어깨만 안 움직일 수도 없는 노릇이었다. 어깨가 아프니 제대로 운동할 수 없었다. 운동을 좋아하던 마음도 점점 멀어지는 듯했다. 할 수 있는 건 운동을 쉬는 것뿐이었다. 아팠을 때 바로 병원에 갈 걸, 하는 후회를 했다. 가벼운 감기는 약을 먹지 않고 지나갈 때까지 버티는 것처럼, 어깨를 덜 쓰면, 조금만 참으면 괜찮아질 거라고만 생각했던 게 아쉽다. 방심하고 욕심부리던 그때를 떠올리며 자책했다.

    그 후로 좀 오랫동안 운동을 쉬었다. 한참 지난 후 다시 운동을 하면서는 내 능력이 안 되는 무게를 무리해서 들려고 욕심내지 않았고, 제대로 된 동작을 하는 데 더 집중했다. 한 번 나빠진 어깨는 조금만 무리해서 동작하면 조심하라는 신호를 보냈다. 전보다 자유롭게 운동하진 못해도 내 몸에 좀 더 집중하려는 노력은 늘었다.

한번은 박스 점프를 하다가 다친 적도 있다. 무릎을 굽혔다 피면서 뛰는, 한 가지 동작을 반복해서 하다 보니 순간적으로 아무 생각도 없이 그냥 움직였고, 점프에 실패했다. 찰나의 순간에 한쪽 정강이가 박스 표면을 쓸면서 넘어졌는데, 정강이가 쓸리는 그 고통은 아는 사람만 알 것이다. 코치는 종종 운동할 때 집중해야 한다고 말하곤 했다. 나는 공부할 때만 집중하는 게 중요한 줄 알았지, 운동에도 집중력이 필요한 줄은 몰랐다. 직접 해 보니 운동도 공부만큼이나 집중력이 중요했다.

운동할 때 자신이 무엇을 하고 있는지 제대로 생각하지 않으면 다치기 십상이다. 종종 힘들다고 눈을 질끈 감아버리는 회원을 보곤 한다. 굉장히 위험해 보인다. 눈을 감아 버리면 아무것도 보이지 않고 생각도 멈추고 만다. 운동처럼 내 몸을 움직이고 있을 때 내가 무엇을 하고 있는지 정확히 판단하고, 제대로 보려면 절대 눈을 감아선 안 된다. 특히 크로스핏은 강도가 높은 운동이라 집중력이 흐트러지는 것에 더욱 조심해야 한다.

나중에 할머니가 되어도 역기를 들고 철봉에 매달리려면 집중력을 키워야겠다. 잘한다고 방심하지 말고 스트레칭도 게으르지 않게 해야 부상의 위험은 줄어들 것이다. 그래도 이해 안 되는 수학 공식을 암기하는 것보다 내 몸의 움직임에 집중하는 것은 즐거우니 다행이다.

- 강도가 높다는 건 그만큼 집중할거리도 많다는 뜻이다. 크로스핏은 부상 위험이 높은 운동이라는 인식이 큰 이유가 바로 이 때문이다. 하지만 집중하지 않고 제대로 배우지 않으면 어떤 운동이든 부상의 위험은 커진다. 반대로 제대로 배우고 집중하면 부상의 위험은 줄어든다.

좋은 지도

지난날 헬스장을 등록했다가 몇 달 뒤 기부 천사가 된 건 혼자서 운동하는 게 쉽지 않아서였다. 운동을 제대로 배워본 적 없는 터라 혼자 알아서 하는 운동은 내게 어려웠다. 게다가 헬스장에 늘어선 커다란 운동기구들은 나를 주눅 들게 했고, 익숙하지 않다는 이유로 사용하는 것조차 어색하고 부끄러웠다. 도무지 어떻게 운동해야 할지 몰랐다. 만만한 건 트레드밀뿐이었다. 딱히 목표도 없이 뭐라도 해야겠기에 30분 동안 트레드밀만 타다가 헬스장을 빠져나온 적도 있다. 내가 본격적으로 운동하기를 맘먹고 크로스핏을 선택한 가장 큰 이유가 바로 헬스와 달리 그룹수업으로 진행된다는 점이었다.

 크로스핏이라는 용어는 헬스보다 훨씬 더 익숙하지 않았고 어떤 운동을 할지도 몰랐지만 걱정은 없었다. 크로스핏하는 동안, 그러니까 코치의 지도를 따라가는 동안에는 어떻게 해야 할지 고민하지 않아도 된다는 게 믿음직스러웠다. 수업의 좋은 점은 잘 몰라도 따라서 할 수 있게 설명을 들을 수 있다는 것이다. 물론 학창 시절의 교과목을 공부하는 것과 달리 내 몸을 움직이는 법에 대해 듣는 것은 흥미로운 시간이었다. 자연히 집중도는 높아지고 잡생각도 들지 않았다.

 크로스핏은 보통 한 시간씩 수업이 이루어진다. 코치마다 수업하는 방식과 스타일은 조금씩 다르지만, 큰 틀에서 보자면 비슷하다. 우선 칠판에 적힌 오늘의 운동, 와드에 대해 설명을 듣고, 몸풀기(웜업)를 위해 스트레칭을 하거나 5분에서 10분 정도 몸에 열을 내 줄 유산소성 운동을 한 후에, 와드 수행에 필요한 동작을 배우고 저마다 체력과 능력에 따라 동작의

난이도를 정한다. 그다음 본격적으로 짧고 굵게 온 힘을 쏟아부어 와드를 수행한다. 온 힘을 쏟아 운동한 후 마무리 스트레칭까지 하면 한 시간 동안의 수업이 끝난다.

그룹수업이 좋은 이유는 다른 사람들의 동작을 보며 내가 제대로 하고 있는지를 비교할 수 있다는 점이다. 1:1 수업만큼의 집중적인 지도는 아쉽지만, 함께하는 사람들을 통해서도 많이 배운다. 또 자세를 연습하는 동안 코치의 피드백도 곧장 받을 수 있다. 꾸준히 하다 보니 할 수 있는 동작들이 많아지고, 어떤 순서로 해야 하는지도 자연스럽게 익힐 수 있다. 그날의 운동에 따라 어떤 스트레칭을 하면 좋은지 스스로 생각하게 된다. 할 수 있는 동작이 많아지면서 수업이 끝나고 따로 연습도 종종 한다. 처음엔 어색했지만, 금방 모든 게 익숙해지며 운동을 향한 흥미도 커진다.

크로스핏은 의지박약형에게 꽤 괜찮은 운동법이다. 나는 좋은 지도자들을 만나 재미있고 안전하게 운동을 배웠다. 좋은 코칭이라고 한다면 무엇보다도 지도자의 운동 능력이 먼저 떠오른다.

그래서 운동

코치 중에는 체육 전공자도 있고, 오랫동안 운동을 하거나 혹은 운동을 좋아해서 더 잘하게 된 사람도 있다. 운동을 가르치는 지도자에게 운동 능력이 필요조건이라면 지도 능력은 충분조건이다. 자기 몸을 잘 쓰는 사람이라고 해서 그걸 다른 사람에게도 잘 가르친다는 보장은 없다. 아무리 자기 분야에 뛰어난 사람이라도 모두가 좋은 선생이 될 수 없는 것과 같다.● 본인이 가진 걸 잘 전달하고 효과적으로 나누는 것도 하나의 기술이다. 그래서 나는 스스로 운동은 잘해도 남을 지도하는 실력이 뒷받침되지 않는 지도자에겐 신뢰가 가지 않는다.

반대로 내가 어떻게 해야 하는지 명확하고 직관적으로 가르칠 때 나는 충성도가 매우 높은 회원이 된다. 나는 피드백이 확실한 코칭을 선호한다. 내가 잘하고 있다면 무엇 때문에 잘하는 건지, 못하고 있다면 어디서 잘못한 건지 콕 짚어주는 것이 좋다.

● 이건 가르치는 일을 하는 나에게도 적용되는 말이다. 코치, 강사, 교사 등 선생이라고 불리는 사람이라면 잘 전달하기 위해 특히나 더욱 큰 책임감을 가져야 한다고 생각한다.

잘했다면 그 동작에 확신을 갖게 되고, 못했다면 그 원인을 찾아서 다음번엔 제대로 하려고 노력할 수 있다. 실수하거나 간과하고 있는 걸 예리하게 봐주고 더 나아지기 위한 방법을 제시해 준다면 더할 나위 없이 좋다. 그렇게 점점 나의 충성도는 무한대로 뻗어나간다.

이왕이면 쉬운 용어로 설명해 주는 것도 좋은 코칭의 기술이라고 생각한다. 평소에 잘 쓰지 않는 전문 혹은 학술용어가 들리면 집중도가 떨어진다. 다른 분야도 마찬가지지만 내가 알고 있는 걸 상대방도 알 것이라고 착각하는 데서 '지식의 저주'는 시작된다. 이렇게 말하는 나도 쉽게 설명하는 게 생각만큼 쉽지 않다는 걸 '매우' 잘 안다. 글쓰기에서도 비슷하다. 좋은 글쓰기의 조건에 빠지지 않고 나오는 것도 쉽게 쓰는 것인데 그거, '매우' 어렵다.●

좋은 코치를 만나는 것은 인생 운동을 만나는

● 바라건대 글쓰기도, 가르치기도 지적 게으름을 물리칠 수 있으면 좋겠다고 생각한다.

것만큼 중요하다. 내가 좋은 코칭을 받고 있다는 감각을 알면 그 반대의 경우도 쉽게 알아차릴 수 있다. 그리하여 내게 맞는 지도자를 고르고 그에 따라 정확한 훈련을 하는 것이야말로 내 몸을 더 잘 알고 잘 쓰게 되는 일일 것이다.

박스에서 만난 빌런

크로스핏은 특이한 점이 몇 가지 있다. 일단 여기에 빠진 사람들은 죽을 각오로 온 힘을 다해 와드에 임한다. 두 번째로 와드가 끝나면 자신의 기록을 칠판에 적어 사람들과 공유한다. 세 번째로 운동하는 공간을 부르는 명칭이 남다르다. 흔히 무슨 관, 무슨 원, 무슨 센터 등으로 부르는데,

---

● 이 글은 《파티용 컵》에 실린 같은 제목의 글을 고쳐 썼다.

그래서 운동

크로스핏은 '박스'라고 부른다. 차곡차곡 쌓인 운동 기구들과 탁 트인 공간이 마치 창고(Box)를 연상케 하기 때문이다. 끝으로 함께 운동하는 회원들의 소통과 커뮤니티가 활발하다.

다른 운동도 회원들과 친하게 지내는 경우가 많지만 크로스핏은 특히 더 그렇다. 분명 운동은 혼자서 하는데 여럿이 다 같이 하는 느낌이다. 함께 와드하는 사람들이 일종의 공동체처럼 느껴진다. 자신의 운동이 다 끝났어도 떠나지 않고 마지막 한 사람이 끝날 때까지 자리에 남아서 응원을 한다. 둘이나 셋씩 함께 팀을 이루어 운동해야 하는 팀와드도 있다. 또 팀와드는 아니지만 비슷한 체격과 힘을 지닌 사람끼리 짝을 지어 번갈아 가면서 동작을 연습하거나 순번을 정해 와드를 진행한다. 그래서 한 사람이 와드할 때 나머지 한 사람은 동작 개수를 세어주는 심판(저지, Judge) 역할을 맡는다. 심판은 주어진 와드 개수를 세어주는 것 외에도 끝까지 완주할 수 있도록 응원과 채찍도 함께 해주어야 한다.

그래서 박스는 언제나 북적대고 활기차다. 운동하러 가면 박스로 들어가는 입구에서부터 큰 소리가 울려 퍼진다. 바벨에 끼운 플레이트가 바닥을 찍어 내리는 소리와 회원들의 우렁찬 고함이 박스의 기본값이랄까. 이런 시끌벅적한 박스가 나에겐 꽤 좋아하는 장소가 되었다. 크로스핏을 오랫동안 하다 보니 한때 박스는 집 다음으로 가장 많은 시간을 보내는 곳이기도 했다.

물론 처음엔 한 시간 수업을 다 듣고 나면 기진맥진해서 박스에서 탈출하기 바빴다. 한 톨도 남아있지 않은 에너지를 충전하기 위해 얼른 집에 가고만 싶었다. 그러다가 점점 수업이 끝난 후에 스트레칭을 오래 하기도 하고, 보강 운동을 하기도 하면서 두 시간, 세 시간씩 박스에 머물렀다. 자연스럽게 회원들과 말을 나눌 기회도 늘었다. 자주 보는 사람과는 친해지기도 했다. 박스는 근육을 키우는 것뿐 아니라 비슷한 사람들과 친밀감도 쌓아 올릴 수 있었다.

그러나 꼭 맘에 드는 사람만 있는 건 아니었다. 어느 집단이나 그러하듯 이상하게 나와 맞지 않는 사람이 한둘은 꼭 있었다. 크로스핏 박스도 마찬가지였다. 이상하게 나에게 불편한 기억을 심어준 사람들이 몇몇 있었는데, 시간이 지나고 보니 꼭 특정한 한 사람이 아니라 어떤 유형으로 분류할 수 있을 것 같았다. 나만의 기준으로 그 유형에 이름을 붙여 보았다.

■ '맨스플레인형'

어느 집단에 오랫동안 존재하는 사람을 일컬어 '고인물'이라고 한다. 왠지 운동한 지 오래된 티가 나는 사람, 그래서 처음 시도하는 사람 특유의 어설픔 없이 본인만의 운동 습관이 확실하게 동작으로 드러나는 사람은 누가 봐도 고인물일 테다.

내가 운동한 지 얼마 되지 않았을 때 턱걸이를 잘하고 싶어 수업이 끝난 후에도 남아서 연습하곤 했다. 나는 맨몸으로 내 몸을 들어 올릴 수 없었기에 신축성 좋은 밴드를 철봉에 걸고 몸의 반동과 밴드의 힘으로 올라가려고 연습하고 있었다. 그때 운동 꽤나 한 포스의 회원이 내게 다가와 "그렇게 하면 절대 안 늘어요"라고 말했다. 그러면서 자신도 이렇게 하니 금방 늘었다며, 힘들더라도 맨몸으로 올라가는 연습을 하는 게 좋다고 조언했다. 나는 그에게 고맙다고 말했다. 그 후로 그는 더 자주 내게 조언을 하기 시작했다.

한 번은 코치의 수업을 듣는 중이었다. 그날은 역도에 대해 배우는 날이었고, 초보인 나는 아마도 경력자가 보기엔 부끄러울 정도로 엉망인 움직임을 선보이고 있었다. 때마침 그 회원이 내 옆으로 다가왔다. 그는 나와 같은 수업을 듣고 있지도 않았는데, 내 자세를 유심히 보더니 자신이 알고 있는 역도에 대한 팁을 나에게 전수했다. 나는 그의 말도 들어야 하는 동시에 코치의 눈치도 보였다.

그때와 달리 이제 나는 초보 티라고는 찾아볼 수 없는 숙련자가 되었다. 가끔 처음 운동하는 회원들의 자세를 보면 무엇이 문제인지 보일 정도는 된다. 크로스핏을 처음 하는 회원들을 보면 예전의 나도 저랬겠다는 생각과 더 잘 하는 방법을 알려주고 싶다는 아쉬움을 동시에 느낀다. 하지만 오지랖은 부리지 않기로 한다. 나는 운동 전문가가 아니라 고작 내 몸을 움직이는 방법에 익숙해진 것뿐이니까 말이다. 아직도 가끔씩 박스에 있다 보면 남의 자세를 보고 훈수를 두는 회원을 어렵지 않게 본다. 여전히 나에게도 그런 회원이 있는데, 겉으론 "아, 그렇군요"하고 웃어버리고 만다. 속마음은 나만 알고 있는 걸로.

▧ '마마보이형'

예전에 캘리그라피를 배워서 박스에 카드를 적어준 적이 있다. 문구는 당시 코치의 말을 빌어 '니가 흘린 땀은 니가 닦고 가라, 탄마가루●도!'였다. 크로스핏은 운동 특성 상 초 단위로 시간을 쪼개서 그 시간 안에(혹은 시간 동안) 최대한 많은 횟수를 진행하거나 최대한 무거운 무게를 든다. 운동하는 동안 엄청난 땀을 쏟아내기 마련이다. 또 탄마가루도 자주 사용한다. 그러고 보면 크로스핏은 이런저런 티를 많이 내는 운동이다. 땀, 탄마가루, 각종 장비나 도구 같은 게 참 많다. 그러니까 운동이 끝나면 자신이 운동한 자리에 땀은 없는지, 탄마가루는 묻지 않았는지 잘

● 탄산마그네슘 가루를 줄여 탄마가루라고 부른다. 운동할 때 덤벨이나 바벨 등을 잡기 전에 손에 발라주면 손의 수분을 흡수하고 마찰력도 높여줘서 미끄러움을 방지할 수 있다. 재미있는 건 클라이밍을 하는 사람들은 이것을 초크라고 부른다.

확인하는 것이 박스에서의 기본 에티켓이다.

또한 사용한 도구를 다 쓴 후에 제자리에 갖다 놓는 것도 잊지 말아야 한다. 모두가 함께 사용하는 도구도 그렇지만 개인 보호장비도 마찬가지다. 이게 지켜지지 않으면 다음에 운동하는 사람이 본인이 사용하지도 않은 도구나 장비를 치워야 한다. 땀, 탄마가루, 도구, 장비 모두 반갑지 않은 타인의 흔적이다.

박스는 자신의 흔적을 치우지 않거나 사용한 물건을 제자리에 놔두지 않아도 이해하고 넘어가 줄 수 있는 친한 사람들만 모인 공간이 아니며 아무 조건 없이 대신 치워주는 엄마가 있는 공간도 아니다. 문득 "쓰는 사람 따로, 치우는 사람 따로냐?"라는 말이 떠오른다. 가끔은 내가 사용하려고 빼둔 도구를 아무 말도 없이 가져다 쓰는 회원도 만난다. 그럴 때면 '참나'하는 소리와 함께 콧방귀가 절로 나온다.

■ '반모형'

크로스핏은 기본적으로 혼자 하는 운동이지만, 옆에 있는 사람과 파트너가 되어 같이 연습을 하거나 보조를 해주거나 서로 심판을 봐주기도 한다. 한 팀이 되어 서로가 서로를 위해 더 많은 개수를 채우려 한다든지, 내가 운동을 하지 않아도 상대방의 운동이 끝날 때까지 응원해 주는 문화가 박스에는 존재한다. 그래서 운동 자체는 개별적 고통을 부과하지만 그 공간에 있는 동료들 덕에 쾌감의 크기는 배가 된다. 그러면서 자연스럽게 동지애도 싹튼다.

하지만 동지애가 싹튼다고 해서 나의 경우 그게 곧장 친구가 된다는 의미는 아니다. 과거에는 나이나 학번에 따라 경어를 쓰거나 평어를 쓰는 게 당연하게 생각되었지만 지금은 그렇게 생각하는 사람이 점점 줄고 있다. 상식은 점차 바뀌어서 지위가 높건 낮건, 나이가 많건 적건 우선은 상대방에게 경어를 쓰는 사람이 바르고 매력적으로 보인다. 그 후 관계가 더 형성된 후에 말투가 바뀌는 건 얼마든지 가능하다. 그래서 잘 알지 못하는 사람이 자신의 나이가 더 많다는 이유로 내게 곧장 말을 놓을 때 나는 그 사람을 신뢰하지 못한다. 더군다나 호칭을 '자기'라고 한다면 더더욱 비호감이다.

자기라는 단어는 당신, 그대, 본인처럼 상대방을

지칭하는 명사이자 친근감의 표시라는 걸 알지만
내게는 불쾌한 기억이 있는 단어다. 예전에 혼자
직원으로 상주하던 작은 회사의 사장이 나를 부르는
호칭이었다. 그때의 기억이 썩 좋지 않았기에 나는
연인 사이가 아닌 누군가가 나를 '자기(야)'라고 부르는
게 불편하다. 요즘은 온라인에서 존댓말 대신 반말을
사용하자는 제안으로 '반모('반말모드'의 줄임말)'가
유행이다. 그러나 서로의 성향이나 느끼는 호감도 등을
먼저 체크해 보지 않은 상태에서 일방적인 반모는
글쎄, 나는 좀 별로다.

    그 외에도 다양한 빌런들이 있다. 심판을 봐줄
때 개수나 라운드를 까먹는 빌런, 운동할 공간이
부족한데 자리를 차지하고 폼롤러를 베고 누워
세월아 네월아 핸드폰만 들여다보는 빌런, 탄마가루를
공중에 털어 온 사방으로 가루를 날리는 빌런, 신발장
바깥으로 개인용품을 전시하며 꿉꿉한 땀 냄새와 함께
미적인 시야를 해치는 빌런, 몸에서 말로 표현 못 할
쉰내가 진동하는 빌런, 운동할 때 유독 큰 신음으로
'음란마귀'를 불러일으키는 빌런, 열정이 지나쳐 과한

행동으로 자꾸 눈길이 가는 빌런….

　물론 이들은 박스에서만 빌런일지도 모른다. 스텔라 장이 부른 〈빌런〉이라는 곡의 노랫말처럼 사람이라면 누구나 양면의 모습을 가지고 있어서 어떨 땐 빌런이었다가도 어떨 땐 천사가 되기도 한다. 게다가 박스에서는 위에서 언급한 빌런보다 천사가 압도적으로 많다. 어쨌든 운동 취향이 비슷하니까 기본적인 호감도 크다. 나와 같은 관심사를 가진 사람을 만나는 일은 언제나 설렌다. 덕분에 좋은 기운을 받으며 즐겁게 운동할 수 있다.

　가끔 나도 누군가의 빌런이 된 적은 없는지 내 행동을 되돌아보곤 한다. 그동안 내가 만난 빌런들을 반면교사 삼아 이왕이면 빌런보다 천사 같은 회원이고 싶다.

나의 운명 공동체

지금껏 살면서 가장 치열한 시기는 언제였는가? 이 질문에 누군가는 어린 시절을, 누군가는 사회 초년생 시절을, 누군가는 지금 이 순간을 떠올릴지 모른다. 나는 20대 후반이 가장 치열했다고 말하고 싶다. 그때의 나는 주변을 둘러볼 여유보다는 앞을 치고 나가야 한다는 막연한 불안감이 마음속 대부분을 차지하던 상태였다. 몸은 가만히 있어도 정신은 가만히 있지 못했고, 보이지 않는 뜨거운 기세로 마음을 무장했다. 누가 건드리기라도 하면 무너질까, 분명 평온함과는 거리가 멀었다. 마음이 그러하니 눈빛에도 자연히 힘이 들어갔던 걸까. 지인의 표현을 빌리자면 당시의 내 눈빛은 레이저를 쏠 듯 힘이 잔뜩 실려 있었다.

아마도 그 눈빛에는 타인과 주변을 챙기기보다 오로지 나밖에 모르는 이기적인 마음이 담겨있었을 테다. 내게 20대 후반은 독립과 퇴사가 한꺼번에 찾아온 시기였다. 어마어마한 기로에 서서 갈팡질팡하고 흔들거렸다. 평범한 직장 생활도, 부모의 보호막도 모두 걷어내고서 나만의 새로운 일과 삶을 찾느라 이리저리 헤매고 다녔다. 무엇이 정답인지 알 수 없으나 뭐라도 하지 않으면 안 될 것 같던 당시 내게 주어진 것을 손에 꽉 쥐고 단 하나도 놓지 않으려고 했다. 아르바이트로 근근이 생계를 책임지며 대학원에 입학해 공부에 매달렸다. 나는 고등학교 때 나보다 공부 잘하는 학생들이 너무 많다는 걸 핑계 삼아 일찌감치 열심히 공부하길 포기했던 사람이다. 대학도 비교적 취업이 쉬운 실용적인 학과에 수시 합격으로 입학해서 고3 수험생활을 제대로 한 적 없었다. 그런 내가 대학원을 다니면서는 고3 수험생보다 더 열심히 공부했다. 공부는 나의 20대 후반 언저리를 대변하는 치열함 그 자체였다.

독립과 동시에 대학원 생활을 하고 2년쯤 지났을 때 크로스핏이란 운동을 시작했다. 이제 와 고백하건대 당시 파트타임 학원 강사로 겨우 생활비를 벌면서 운동에까지 돈을 쓰는 일은 내게 대수였다. 그러나 혼자를 먹여 살리기 위한 생활비가 아무리 빠듯해도 이렇게라도 돈을 들이지 않으면 운동과는 영영 못 만날 것 같았다. 그래서 큰맘 먹고 30대를 맞이해 크로스핏 한 달 회원권을 등록했다. 크로스핏은 다른 운동보다 비용이 많이 들었지만 어쩌면 그 덕에 더 열심히 다녔다. 일상에서 돈으로나 시간으로나 여유가 부족하면 더욱 가성비를 추구하게 된다.

일상이 치열해서였을까. 크로스핏도 치열하게 움직이는 게 꼭 나를 닮은 듯했다. 매일 다른 동작으로 매일 다른 운동을 하는 동안 모든 체력을 끌어올려 움직였다. 살면서 처음으로 운동에 최선을 다했다. 와드가 종료됨을 알리는 타이머 소리가 삐- 울리면 하던 동작을 멈추고 바닥에 주저앉았다. 때론 드러눕기도 했다. 그리고 턱 끝까지 차오르는 숨을 몇 번이고 크게 내쉬었다. 몸에는 있는 줄도 몰랐던 근육이 '나 여기 있어!'라고 제 주장을 펼쳤다. 내 몸을 고통스럽게 깨우는 이 기분이 좋았다. 운동을 하는 나는 다른 의미로 치열했다. 막연한 불안감 대신 새로운 자극이 주는 설렘을 온몸으로 가득 채웠다. 한 달을 치열하게 운동하고 나는 거금을 들여 크로스핏 회원권을 3개월 치 등록했다.

    공부, 아르바이트밖에 없던 내 생활에 운동이 추가되면서 활력도 덩달아 늘었다. 약 4개월을 열심히 운동했지만 나는 석사논문에 집중하는 한편 생활비의 부족 등의 이유로 잠시 운동을 중단하기로 했다. 물론 석사학위를 위한 논문을 쓰면서 밤낮없이 여유가 부족하단 게 핑계는 아니었다. 이전까지는 공부와 담쌓고 지내느라 뇌에 지방이 잔뜩 끼어 있었기에 학술적 지혜와 지식을 얻으려면 남들보다 배로 노력해야 했으니까. 이젠 흔하디흔한 석사학위라지만 난 그 학위를 위한 논문을 제대로 써내려고 여러 번 눈물을 쏟았다. 과연 써낼 수 있을까, 끝끝내 못하면 어쩌지, 하는 불안과 함께 긴 터널을 지났다.

    논문 심사를 통과한 직후, 다시 운동을 시작했다.

복잡한 생각 없이 몸을 움직이는 감각이 그리웠다. 한번 운동의 맛을 경험해서 그런지 곧장 재미를 붙였다. 이 운동을 오랫동안 꾸준히 해야지, 하는 마음이 내 안에 자리 잡았다.

　그 시절 내 마음에 운동 말고도 새로운 것이 하나 더 찾아왔다. 우여곡절 끝에 논문 본 심사를 통과하자 내 안에 난데없는 욕구가 솟구쳤는데, 바로 글을 써야겠다는 마음이었다. 석사논문을 쓰는 일은 처음으로 시작과 끝이 있는 글을 제대로 끝마친 경험이었다. 그러자 꼭 논문은 아니더라도 나의 글로 한 권의 책을 쓰는 작가가 되고 싶었다. 그로부터 약 6개월이 지난 후 나는 진짜로 책을 위한 글쓰기를 시작했다.

　그때는 여전히 내가 가는 길이 옳은지 어떤지 정답을 알 수 없었지만, 운동이 가져다준 재미와 글쓰기를 향한 욕망이 나를 좋은 방향으로 이끌었다는 생각이 든다. 그때부터였을까, 치열함에 고군분투하느라 무시로 힘이 들어가던 눈빛이 점점 부드러워지기 시작한 것이. 지난날 내 눈빛에서 레이저를 보았던 지인을 오랜만에 만나게 되었다. 한

그래서 운동

3년 만이었을까. 그는 내게 "이제 눈빛에 힘이 많이 빠졌네요"라고 말했다. 내가 글쓰기와 운동에 빠진 지 1년 정도 지난 시점이었다.

그 뒤로도 운동과 글쓰기는 내 삶의 두 축을 견고히 세우는 환상의 콤비가 되었다. 운동은 몸을 움직이고, 글쓰기는 마음을 움직여 쓴다. 몸을 움직이면 체력을 키우고 스트레스를 해소할 수 있었고, 글을 쓰면 감정과 생각을 정리하고 마음을 단단하게 먹을 수 있었다. 때때로 글을 쓰는 일이 복잡함과 답답함을 안겨줄 때면 운동으로 도피했다. 몸을 움직이는 동안은 생각을 멈출 수 있었기에 평소 잡생각으로 가득 찬 머릿속이 맑게 비워졌다. 그때는 몰랐지만 어쩌면 운동과 글쓰기는 치열해서 여유라곤 눈곱만큼도 못 느끼던 나를 살리러 온 게 아닐까 하는 생각이 든다.

글과 운동이 서로를 보완해 주는 균형이 좋았다. 게다가 글쓰기와 운동 둘 다 엉덩이의 힘을 가져다 쓴다는 것도 퍽 맘에 들었다. 글쓰기와 운동의 공통점은 또 있는데, 바로 내가 할 수 있는 만큼 해낸다는 것이다. 달리 말해 요행이 별로 없는 종목이다. 원하는 만큼의 성과를 얻기 위해 시간이 필요하지만, 노력에 대해선 결코 배신하지 않는다.
운동은 특히 내가 시간을 들여 연습한 만큼 몸의
변화를 가시적으로 보여주었다. 안 되던 동작이 점점
가능하기 시작하고 더 무거운 무게를 들고 같은 시간
동안 더 많은 횟수의 동작을 하게 된다. 글은 눈에 띄는
변화를 기대할 순 없어도 분명한 건 운동만큼이나
시간의 힘이 크다는 사실이다. 글을 꾸준히 쓴
사람이라면 전에 쓰던 글과 현저히 달라진 글을 어느
순간 마주하게 된다.

 운동과 글쓰기에 대한 나의 애정은 해를
거듭할수록 커지고 있다. 운동과 글쓰기의 공통점 중에
앞서 말한 엉덩이의 힘 말고도 마감의 힘이 있다. 글을
쓸 때 마감일을 정해두면 그러지 않을 때보다 끝맺을
확률이 커진다. 운동에도 막판 스퍼트의 힘이라는 게
있다. 특히 크로스핏처럼 정해진 시간 동안 빠르게
끝내야 하는 운동에서는 끝내기 직전에 발휘하는 힘이
상당하다. 치열하게 쏟아내면서 요행도 없고 어느 정도
시간이 지나야 그 가치를 알 수 있는 일, 바로 운동과
글쓰기 아닐까.

 얼마 전에는 10년간 장롱면허였던 운전면허증을

갱신해야 했다. 증명사진을 제출해야 했는데, 새로 찍을 시간이 없어 마지막으로 찍은 9년 전 사진을 가지고 갔다. 운전면허증을 건네주던 사람이 내 얼굴과 사진 속 얼굴을 번갈아 쳐다봤다. 나는 그의 반응을 지금의 내 얼굴과 사진이 다르다는 뉘앙스로 읽었다. 내 개인 소셜미디어에 9년 전 증명사진을 올렸더니 글쓰기 모임으로 알게 된 지인이 '일진이셨어요?' 라는 농을 쳤다. 그리곤 '글쓰기의 힘이 이렇게 대단하다니!' 라고 했는데, 나는 그 말의 의미를 단번에 알아챌 수 있었다. 예전에 3년 만에 만난 지인이 내게 했던 말과 똑같았다. 어쩜, 사진으로도 눈빛과 눈매에서 느껴지는 매서움과 치열함이 다 드러난다는 게 놀라웠다.

지인이 해준 '글쓰기의 힘'이란 말이 좋았다. 비단 글쓰기만이었을까? 어쩌면 '운동의 힘'도 한몫했겠다는 생각이 들었다. 맞다. 분명하다. 내 삶에 운동과 글쓰기가 비슷한 시기에 찾아온 건 운명이다. 나를 좋은 방향으로 데리고 갈 운명.

조기축구회 나가는 아빠

집에서 15분 정도 걸어가면
바다가 나온다. 누군가에게는 관광지인 이곳이
나에게는 익숙한 동네라는 점이 맘에 든다. 자주는
아니지만 가끔 바닷가를 풍경 삼아 달리기도 한다.
뛰기 전 15분은 몸에 열을 올리는 데 적당한 시간이다.

● 이 글은 정지우 작가가 운영하는 온라인 뉴스레터, '세상의 모든 문화'에 〈조기축구회 나가는 아빠, 크로스핏 하는 딸〉이라는 제목으로 특별 기고란에 실린 적이 있다.

일부러 더 힘차게 팔을 움직이면서 달리기를 결심한 스스로에게 뿌듯함을 느낀다. 기분 좋은 걸음에는 평소 하지 않던 생각도 떠오른다. 하루는 운동 좋아하는 아빠가 떠올랐다.

　　아빠는 유년 시절에 동네에서 축구와 공부 둘 다 잘하는 최고의 인기남이었다. 축구선수가 되고 싶었지만 다섯 남매의 맏이로 온갖 기대를 독차지하며 그 기대에 부응하고자 어쩔 수 없이 공부의 길을 택했다는 게 아빠의 '라떼는 말이야' 이야기다. 거짓말은 아닌 것 같다. 당신 힘으로 세운 회사가 어느 정도 자리를 잡은, 아직은 내가 초등학생일 때의 어느 주말에 아빠가 조기축구회를 찾아다닌 걸 기억한다. 아빠와 내가 꽤 친하던 나의 어린 시절엔 자식 중 나만 아빠 차를 타고 근처 공원에 간 적도 있다. 아빠는 공원 한 바퀴를 나와 함께 뛸 심산이었지만 난 그냥 차에서 기다리겠다고 했다. 사춘기가 와서 아빠랑 말하지 않는 시간이 늘어갈 즈음부턴 아무도 일어나지 않은 일요일 새벽, 부엌에서 미숫가루를 물에 타 흔들어 마시고 운동 가방을 주섬주섬 챙겨 집을 나서는 아빠의 소리만 듣곤 했다.

20대 후반에 독립하고선 명절에만 본가를 찾아간다. 딱히 사이가 좋지 않아서라기보다 살갑지 않은 무뚝뚝한 자식이라 그렇다. 그래도 같은 집에 살 때보다 더 가까워진 것 같다. 지인들에겐 "확실히 가족은 자주 안 봐야 사이가 좋아지더라"라며 너스레를 떨지만 서로의 삶을 바깥에서 들여다보는 지금의 관계가 좋다. 그 덕에 아빠와 운동이라는 취미 생활에 관해 얘기할 기회도 생긴다. 내가 먼저 꺼냈는지, 아빠가 먼저 물어봤는지 잘 기억나지 않지만 나는 아빠에게 크로스핏이라는 운동을 하고 있다는 사실을 자랑스럽게 말하며 팔뚝에 힘을 줘 보였다.

　서너 가지 운동을 비교적 짧은 시간을 정해두고 최대한 빠르게, 또 무거운 강도로 시행하는 크로스핏은 비록 몸은 힘들지만 체력은 빠르게 늘고 근력도 강해지는 게 가시적으로 보인다. 운동을 끝내고 가쁜 숨을 몰아 내쉴 때의 카타르시스가 좋다. 그 어떤 운동도 3개월 넘기지 못했는데 크로스핏은 벌써 8년째에 접어들었다.● 크로스핏으로 다져진 내 팔을 만져보던 아빠는 "그래, 운동하는 거 맞네"라고 말했다. 경상도 남자 특유의 무심함으로 툭, 던지는 그 말이 기분 좋았다. 삼 남매 중 유일하게 나만이 아빠의 운동하는 유전자를 물려받은 듯했다.

나는 누가 뭐래도 운동 좋아하는 아빠 밑에서 자랐구나, 하는 사실에 아빠와 닮은 유전적 기질들도 덩달아 떠올랐다. 친척들은 아빠와 내가 붕어빵이라고 자주 말했다. 어릴 땐 인정할 수 없었지만 이제는 안다. 고집불통인 성격이나, 눈부터 웃어 버릇 덕에 눈가 주름이 자글거리는 것이나, 허리는 긴데 다리가 짧고 통뼈인 것까지 모두 아빠의 특성을 물려받았다. 엄마와 오빠는 마른 체형이다. 어릴 땐 나도 말랐지만 그건 어린이 한정 상품 같은 것이었다. 남동생도 굳이 말하자면 아빠 쪽이라 내가 부러워한 건 전적으로 오빠였다. 오빠는 예나 지금이나 밤에 라면을 두 개씩 끓여 먹고 자도 전혀 붓지 않고 언제나 마른 몸매를 유지한다. 지금이야 오빠도 체형 때문에 나름의 고충이 있다는 건 알지만 이른바 멸치 재질인 오빠가 한때 내 부러움의 대상이었다.

● 물론 중간에 쉰 기간도 제법 많다.

나는 간혹 수영선수냐는 말을 들을 정도로 어깨가 넓은 편이(었)고 두꺼운 허벅지가 미의 기준이 되기 훨씬 전부터 남부럽지 않은 하체를 자랑했다. 아빠도 어깨가 떡 벌어지고 전체적으로 다부진 체격이다. 조금은 짧은 다리가 근육으로 단단한 걸 보면 아빠가 얼마나 꾸준히 운동했는지 알겠다. 축구를 오래 한 만큼 신체 중 어디 한 군데 살찐 것은 본 적이 없었다. 그러던 아빠가 코로나 팬데믹 이후 조기축구회도 나가지 못하고 운동량이 줄어들어 뱃살이 생기는 바람에 다이어트를 시작했다는 말에 난 처음으로 아빠가 귀엽다고 생각했다. 아빠의 다이어트 소식은 내가 어쩔 수 없는 붕어빵 유전자를 지녔다는 동질감을 넘어 다이어트의 고충을 공유하는 유대감으로 번졌다.

　일부러 주의하지 않으면 몸무게가 늘어나는 체형인 나로서는 딱히 주의할 필요가 없는 사람을 보면 괜히 나만 운이 나쁘다는 생각이 들었다. 그런데 달리는 사람으로도 유명한 소설가 무라카미 하루키는 살찌기 쉬운 체질로 태어났다는 게 도리어 행운이었는지도 모른다고 한다. 이런 사람들은 체중이 불지 않으려면 열심히 운동하고 식사를 유의하고 절제하는 삶을 살 수밖에 없다. 노력하지 않아도 살이 찌지 않는 사람과 달리 골치 아프지만, 따지고 보면 이 지속적인 노력이 결국 늙어서도 건강한 몸을 유지하는 데 도움을 준다는 그의 말에 고개를 끄덕였다. 하루키 말마따나 "의식적으로 관리하지 않으면 자연히 근육이 약해지고 뼈가 약해져 가는 것이다. 무엇이 공평한가 하는 것은 장기적으로 보지 않으면 잘 알 수 없는 법이다(《달리기를 말할 때 내가 이야기하고 싶은 것들》, 무라카미 하루키, 문학사상, 2009, 71쪽)."

하루키가 살찌기 쉬운 체질에 관해 장기적인 관점을 제시해 준 덕분에 나도 삶의 태도를 다시 한번 점검해 본다. 그가 거의 하루도 빠짐없이 달리기를 시작한 것은 서른세 살 무렵, 본격적으로 글을 쓰던 때였다. 하루 종일 앉아 있는 생활로 바뀌자 줄어든 활동량으로 급격하게 살이 쪄서 어쩔 수 없었다고 고백한다. 나도 20대 후반, 독립과 동시에 대학원에 입학하면서 다시금 책상에 앉아 있는 시간이 많아졌다. 먹는 족족 살이 쪘다. 만약 내가 오빠와 같은 멸치 체질이어서 살을 뺄 필요가 없었다면 굳이 운동에까지 관심을 가지진 않았을지도 모른다. 살찌는 체질이 나를 운동으로 이끈 것이다. 지금 생각해 보면 운동하는 아빠를 보고 자랐지만 운동을 꾸준히 해야겠다는 생각은 별로 없을 정도로 운동은 내게 귀찮은 일이었다. 운동만큼이나 작심삼일의 대가는 없었는데, 스스로 어찌할 도리 없는 상황에 놓였다는 실질적인 감각이 확실한 동기부여가 되었다.

    그런 의미에서 운동의 시작은 몸무게가 더는 늘어나지 않으면 좋겠다는 마음이었다. 하지만 그것만을 목표로 한다면 스스로 행복하지 않을 것임을 본능적으로 알고 있었다. 금세 먹는 것의 유혹에 흔들리고, 먹었을 때의 죄책감은 운동을 더 많이 해야 한다는 강박으로 이어지고, 그러지 못한다면 자책할 게 분명했다. 그래서 체중 감량보다는 체력 증진과 일상 활력에 더 힘을 싣기로 했다. 크로스핏을 하면서 몸무게가 드라마틱하게 변하는 경험을 하진 못했지만, 체력 증진과 일상 활력을 만족시켜 주는 건 확실했다. 나의 몸도 아빠처럼 점점 단단해졌다. 그래서 체중 감량이 안 되는 것은 큰 문제가 되진 않았다. 그것보다 근육을 자극하고 근력을 키워서 운동하는 능력의 향상이 더 큰 즐거움을 가져다주었다.

그래서 운동

운동을 하면서 근육은 계속, 조금씩, 반복해서 더 강하게 무게를 증량하고 몸에 부하를 늘려가야만 성장한다는 것을 알게 되었다. 요행을 바랄 수 없다. 하루키의 표현을 빌리자면 "우리의 근육은 무척 고지식한 성격의 소유자(위의 책, 113쪽)"이다. 물론 아무리 고지식하게 노력해도 사람은 나이 들어감에 따라 근육량이 줄어들기 마련이다. 가끔 언제까지 강력한 파워나 근력이 필요한 크로스핏을 할 수 있을까 상상해 본다. 막연하게나마 할머니가 되어도 역기를 들어 올리고 철봉에 매달리고 싶다. 소셜미디어에서 온몸에 주름이 자글자글한 노인이 상체의 근력을 발휘해 철봉에서 자유롭게 몸을 움직이는 영상을 본 적 있다. 그걸 보며 노화가 아무리 몸의 기능을 떨어뜨려도 꾸준하게 반복해서 단련한다면 몸은 그 보답을 해줄 것이라 믿게 되었다.

꾸준함의 힘을 아는 사람들에겐 존경심이 자연스럽게 생긴다. 가령 매일 달리기를 하고 글을 쓰는 하루키, 쉬는 날에도 새벽 일찍 조기축구회에 나가 운동을 게을리하지 않는 우리 아빠 같은 사람. 나는 회사 생활을 하느라 정신없이 바쁜 사람들이 운동은커녕 취미 생활도 못 누리는 사례를 꽤 봤다. 때론 나도 그렇다. 웬만큼 부지런하지 않으면 일과 여가는 동시에 잡기 어렵다는 데 반박할 사람은 없을 것이다. 나의 부모 세대는 삶에서 일이 차지하는 비중이 높았다. 우리 아빠도 가정과 자기 삶에 대한 책임감으로 부단히 일만 했다. 그런 아빠는 나에게 있어 언제나 강한 사람이다. 겉으로 드러난 다부진 체격에서도 그렇고 일과 운동을 열심히 하는 생활에서도 마찬가지다.

    꾸준히 운동을 하게 되어서 여러모로 좋다. 몸의 기능을 단련하고 신진대사를 촉진해 더욱 건강한 삶을 누릴 수 있다는 점이 그렇고, 함께 살 땐 관심 없던 아빠의 모습을 더 다각적으로 들여다보게 된 점도 미처 몰랐던 운동의 순기능이다. 계속해서 운동하는 사람이고 싶다. 그러니 오늘도 운동화를 신고 밖으로 나가볼까.

스트롱 뷰티

아직 학교에 입학하기 전 나는 맞벌이하는 부모와 떨어져 어촌 시골집에서 할머니 할아버지와 함께 지냈다. 그 시절 기억 중의 하나는 오빠랑 둘이서만 집에 있다가 라면을 끓여 먹기로 한 날이었다. 오빠가 냄비를 옮기다가 실수로 내 왼쪽 발등에 물을 쏟았다. 펄펄 끓는 뜨거운 물이 연약한 살갗에 닿자마자 엄청난 고통이 느껴졌다. 말 그대로 나는 고통에 몸부림쳤다. 어떻게 할 수도 없는 이 고통에 속수무책으로 비명을 지르며 울다가 기절했다.

그래서 운동

그날 밤, 부산에서 아빠가 나를 데리러 왔다. 곧장 아빠 차를 타고 부산으로 향했다. 새벽까지 문을 연 약국에 들어가 매대 위에 앉아 치료받았다. 얼마나 화상을 입었는지 기억은 잘 나지 않지만 발등이 온통 빨갛게 뒤덮여 있었다. 뼈가 드러나 보일 정도였던 것 같다. 하지만 어린아이의 상처는 그 회복 속도가 빨랐다. 새끼발가락으로 이어지는 발등과 안복사뼈 부근을 뒤덮었던 상처는 점점 아물어 갔다. 흉터도 점차 옅어지면서 사라졌다. 지금은 왼쪽 발 안복사뼈 부근의 흉터만 조금 남아있다.

그즈음 집안의 어른들은 이런 말을 했다. "이제 미스코리아 못 나가겠네." 어린이였던 난 그 말을 곧이곧대로 받아들였다. 내 딴에도 미스코리아는 예뻐야 한다는 생각을 했었는데, 발등에 남은 흉터는 그 기준에서 먼 것이었다. 그렇다고 어릴 적부터 내가 남다른 미모를 자랑했던 건 아니다. 오히려 아빠는 나를 못난이라고 불렀다. 그게 정말로 내가 못생겨서였다는 사실에 반박할 마음은 (지금도) 없다. 생각해 보면 그 시절 어른들은 집안에 여자아이가 있으면 으레 미스코리아 나가야지, 라는 말을 덕담처럼 했다. 어른들의 그 말을 믿고 꼭 미스코리아가 될 거라고 맘먹진 않았다. 나도 양심이라는 게 있었다. 다만 초등학교 시절 내내 뒷자리에 앉을 정도로 키가 컸으니까 약간의 희망은 품었을지도....

　　점점 자라면서 몸의 흉터나 예쁨보다는 몸매가 문제가 되기 시작했다. 어릴 땐 매일 바깥으로 나가 노느라 활동량이 꽤 많았다. 그러다가 중, 고등학교에 올라가면서 책상 앞에 앉아 있는 시간이 늘었고 점점 허벅지와 종아리가 굵어지기 시작했다. 원래도 뼈가 굵었던지라 고등학교 내내 경사진 길과 계단을 오르내리는 일이 다리를 더욱 단련한 셈이 되었다. 이때부터 나는 다른 친구들처럼 날씬하지 못한 내 다리 모양에 콤플렉스를 갖게 되었다.

　　대학교에 들어가고 직장 생활을 하게 되면서 많은 사람이 그러하듯 나도 겉모습을 치장하고 꾸미는 일에 열정을 쏟았다. 여성성을 드러내기 좋은 치마나 블라우스, 주름이나 레이스가 달린 옷, 가슴이 깊게 파진 옷도 서슴지 않고 사 입었다. 가방, 구두, 액세서리도 종류별로 사들였다. 이왕이면 원하는 만큼 더 많이 사고 싶었다. 하지만 내가 쓸 수 있는 돈은 나의 욕망을 충족하기엔 늘 부족했다. 쇼핑하러 옷 가게에 들어갈 때마다 아쉬운 마음이 들었다.

그보다 더 아쉬웠던 건 예쁜 옷이 내 몸에는 맞지 않는다는 걸 확인할 때였다. 옷 가게에서 흔히 프리사이즈라고 적힌 옷은 44치수의 마른 몸을 지닌 여성을 위한 것이 대부분이었다. 늘씬한 마네킹이 입고 있는 옷은 누가 봐도 예뻤다. 예쁘다고 생각하면서도 한편으론 내 몸에는 좀 끼지 않을지, 그 옷을 입은 나를 머릿속으로 그려보다가 가게 안으로 들어가는 걸 포기하곤 했다. 그래서 나는 주로 몸에 착 달라붙는 것보다는 통이 크고 여유가 있는, 헐렁한 옷을 자주 찾았고 그런 옷을 좋아했다.

가끔 운동을 해볼 마음이 들었는데, 그 목적은 단지 살을 빼고 예쁜 몸매를 만들기 위해서였다. 여자 연예인들의 다이어트 비디오가 한창 유행하기도 했다. 나도 그런 비디오를 보며 동작을 따라 했다. 그때의 나에게는 예쁜 몸의 기준이 딱 한 가지밖에 없었는데, 몸은 마르면 마를수록 좋고, 이왕이면 가슴과 엉덩이가 크면 좋고, 팔과 다리는 가늘고 길어야 좋다는 것이었다. 한 번도 그렇게 되어본 적 없는 나의 욕망을 위해 운동을 시작했지만 늘 오래가지 못했다. 금방 의욕이 사라졌다. 단순하게 말하면 예뻐지고 싶은 욕망보다는 움직이지 않고 먹고 싶은 걸 마구 먹을 욕망이 더 컸던 탓이다. 이런 말을 해도 되는지 모르겠지만 내가 고도비만이었다면 좀 달라졌을지도 모르겠다. 그랬다면 좀 더 건강을 생각했을 테고 살을 빼고 싶다는 마음이 더 강하게 들었을지도 모른다.

연애할 때도 몸매가 신경 쓰이기는 마찬가지였다. 이왕이면 애인보다 키나 덩치가 작아 보이고 싶어서 일부러 낮은 단화나 운동화를 자주 신었다. 애인이 내 어깨를 감쌀 때는 나를 가녀리게 느꼈으면 좋겠다고 생각했다. 그때는 데이트하며 일부러 음식을 적게 먹었다. 작고 가녀리고 부드럽게 굴곡진 몸을 가져야 남들 눈에 예뻐 보인다는 생각. 그러다 보니 내가 원(한다고 생각)했던 이상적인 몸과 내가 지닌 현실적인 몸은 늘 괴리가 컸다.

나는 내 몸을 있는 그대로 무사하게 받아들이지 못한 채 10대와 20대를 보냈다. 비슷한 마음으로 30대에 접어들었다. 그러나 30대는 몸매에 신경 쓰는 것보다 더 많은 것이 몰려왔다. 독립과 퇴사를 결심하고는 나다운 삶이란 무엇일까에 주력했다. 무엇을 좋아하고 어떻게 해야 행복해질지 내면을 깊게 파고들었다.● 그러던 한편 체력 또한 눈에 띄게 줄어드는 게 느껴졌다. 밤샘해서 공부나 일을 하든, 사람들과 친목을 나누든 간에 전보다 피로가 쉽게 몰려왔다. 나는 살 빼기보다 체력 키우기 위한 운동이 절실해졌다.

    그렇게 30대가 되자마자 크로스핏이라는 운동을 만났다. 여느 운동과 달리 1년 넘게 지속하면서 꾸준함이 주는 몸의 변화를 느꼈다. 몸무게는 그대로인데 보이는 느낌이 달라졌다. 물렁물렁하거나 축 늘어져 보이는 지방 대신 탄력 있고 단단한 근육이 늘어났다. 예전에, 헬스장에 다닐 때 트레이너는 "5킬로그램만 더 빼면 되겠어요"라고 했는데, 크로스핏 코치는 "전보다 몸이 더 탄탄해져 보이네요"라고 했다. 나는 몸무게가 줄어들지 않았음에도 내 몸이 예뻐

●   이에 대한 이야기를 구체적으로 쓴 책이 바로 나의 첫 에세이《일인분의 삶》이다.

보이기 시작했다. 바람에 불면 날아갈 듯 가녀리지 않아도, 주머니에 쏙 들어갈 듯 작지 않아도, 콜라병을 연상시키는 굴곡이 없어도 몸은 예쁠 수 있었다. 이런 걸 보면 어쩌면 근육의 다른 말은 자신감이 아닐까?

근육과 함께 자신감을 얻은 나는 여러 가지 동작을 빠르게, 그리고 무겁게 하는 크로스핏을 계속하며, 자연스럽게 체력을 향상하고 더 많은 근육을 장착해 나갔다. 운동할수록 체력과 실력이 느는 게 느껴져 표정에도 생기가 돌았다. 물론 근육이 생기거나 커지는 건 사람에 따라 다르다. 흔히 여성의 몸은 근육이 잘 생기지 않는다고 말하지만 나는 여자임에도 누가 봐도 '운동 좀 한 몸'이라는 티를 팍팍 냈다. 원래도 굵은 허벅지는 이제 더욱 단단함을 갖추었고, 주로 남자들이 부러워할 만큼 어깨도 넓어졌다. 나는 이런 내 몸이 싫지 않았다.

달리기를 오랫동안 한 사람은 그 특유의 체형이 만들어진다고 한다. 크로스핏도 마찬가지다. 크로스핏을 오래 한 사람이나 전문 선수들을 보면 확실하게 보인다. 승모근이 솟아오른 어깨는 직각 대신 다각형을 연상시킨다. 허리 부근의 몸통은 곡선보다는 직선 여러 개가 이어져 더욱 단단해 보인다. 더군다나 허벅지 앞쪽은 당장이라도 터져나갈 듯 옹골지다. 나는 선수들에 비할 바는 못 되지만 그래도 어느 정도 특유의 근육을 하나둘 장착해 나가는 중이다.

근육이 생긴 후로는 운동을 하는 목적에 체력 증진 말고도 운동 능력 향상이 추가되었다. 맨몸으로 턱걸이를 하고 싶고 무게를 증량해서 역기를 들어 올리고 싶어졌다. 그러기 위해선 몸이 마르기만 해선 안 되고 팔, 다리가 가늘기만 해서도 안 된다. 또한 가슴이나 엉덩이가 크기만 한 것과도 별 상관이 없다. 때로는 이 모든 것과 반대인 크고 다부지고 근육이 많은 몸이 유리한 동작을 만들어 내기도 한다. 또 살을 빼서 가녀린 몸을 만드는 건 엄연히 따지면 나를 위한 것이 아니었다. 그러나 근육을 키워 운동 능력을 향상하는 건 오롯이 나를 위한 것이다. 그런 까닭에 꾸준히 운동할 의지가 생기는 게 아닐까 싶다.

이제 나는 44치수인 여자 연예인들이 나오는 다이어트 비디오를 보지 않는다. 몸을 치장하는 액세서리도 하지 않고 오래 신으면 불편한 구두도 잘 신지 않는다. 가슴이나 엉덩이를 부각하는 옷보다는 내 어깨와 허벅지에 맞는 편안한 옷을 주로 입는다. 무엇보다 나는 이제 운동하는 사람들을 보며 멋지고 예쁘다고 생각한다. 소셜미디어에 올라오는 크로스핏 운동선수, 특히 여성인 선수들의 운동하는 모습을 보며 반하고 만다. 어깨에 다닥다닥 붙어 있는 근육과 빨래판 같은 복근, 두꺼운 허벅지에 감탄한다.

가녀린 몸매보다 크로스핏으로 다져진 단단한 몸매가 내 눈엔 더 멋지고 아름답다. 사실은 운동하는 사람의 몸이라면 모두 선망하게 되었다. 단단한 종아리를 가진 달리는 사람의 몸, 어깨와 팔이 단단하고 날렵한 클라이밍을 하는 사람의 몸, 누가 봐도 바른 자세에 균형이 잡힌 요가와 필라테스를 하는 사람의 몸 모두 아름답다. 몸을 꾸준히 돌본 티가 나는 사람들은 그 몸이 작든 크든, 마르든 덩치 있든 전부 빛난다. 비로소 나는 예쁜 몸의 기준이 한 가지라는 생각을 버리게 되었다.

난 이제 남들에게 보여 주기 위한 몸만들기는 덧없이 느껴진다. 그보다 운동과 수련, 저마다의 꾸준함으로 단련된 몸을 추앙하고 싶다. 온전히 스스로를 위해 단련한 몸에서 아름다움을 찾을 수 있다. 자신을 위한 몸은 강함이 느껴진다. 강한 것도 아름답다면 이제부터 내 안의 '강한 아름다움(Strong Beauty)'을 찾을 시간이다.

이만한 반려 운동

MBTI 성격 심리검사는 유행한 지 꽤 지난 것 같은데도 여전히 그 열기가 식지 않는다. 개그나 예능 프로그램에도 소재로 심심찮게 나오고 사람들에게 자신을 소개할 때도 MBTI로 표현한다. 나부터도 그렇다. 평소 바깥보다 집을 더 좋아하고 사람들과 어울리기보다 혼자 있는 걸 더 좋아하는 내향적인 성향을 빗대어 '파워 I'라고 말하고 다닌다.

흔히 내향적인 사람은 운동도 혼자서 할 수 있는 헬스 아니면 명상을 함께 하는 요가 같은 걸 더 좋아하리라 생각한다. 그러나 과거의 나는 헬스나 요가를 시작하고 몇 달 후 기부 천사의 길을 걸었다. 헬스도, 요가도 타인의 간섭을 거의 받지 않고 혼자서 조용히 운동한다는 장점은 좋다고 생각한다. 하지만 헬스 기구를 이용하는 데 어려움이 있었고, 한 동작을 오랫동안 버티는 요가는 동작이 익숙하지 않고 잘 모르는 상태에선 힘들고 지루하기만 했다. 혼자서 즐길 만큼 내가 잘하는 편이 아니다 보니 포기가 쉬웠다. 운동도 게임과 같아서 내가 못하는 것은 별로 하고 싶지가 않았다. 지기만 하는 게임은 분하니까. 물론 꾸준히 연습하고 자주 하면 잘하게 될 테지만 나는 헬스와 요가를 잘하게 되기까지 꾸준히 해볼 만한 재미를 붙이지 못했다.

그런 의미에서 크로스핏은 특별했다. 크로스핏도 처음에 잘 못하기는 매한가지였으나 매일 다른 운동을 하다 보니까 그 자체로 흥미가 생겼다. 한 가지 동작을 오래 버티거나 여러 번 반복만 하는 게 아니었다. 버티고 반복하는 것뿐 아니라 뛰고, 들고, 매달리고, 당기고, 던지고, 밀면서 다양하게 움직였다. 여러 동작을 섞어서 다양한 방식으로 매일 다른 운동을 하니 지루하지 않았다. 헬스와 달리 운동하는 법을 제대로 가르쳐줄 지도자가 매번 수업을 해주는 것도 큰 장점이었다.

다만 여러 사람과 함께 한다는 게 처음에는 좀 걱정되었다. 나는 처음 보는 사람과 편하게 대화할 만큼 외향적이지 않다. 게다가 사람들이 내가 운동하는 모습을 쳐다보면 어쩌지, 생각만으로 주눅이 들었다.● 물론 집에서 혼자 하지 않는 이상 대부분의 운동하는 공간은 여러 사람이 함께 사용한다. 환경이 어쩔 수 없었기에 나는 이왕이면 이용하는 회원이 비교적 적은 오전 수업에 주로 참여했다. 오전 운동이 가능한 프리랜서라 다행이었다. 그리고 첫날 운동을 하자마자 든 생각은, 생각보다 사람들은 나에게 관심이 없다는 것이었다. 크로스핏도 결국 자기 자신에게 집중하는 운동이었다.

물론 예외는 있다. 크로스핏을 한다는 건 경주하는

● 나는 정말로 운동을 안 하던 사람이라 익숙하지 않은 공간에 나를 두는 게 그만큼 자신이 없었다. 내향적인 성향과 별개로 소극적이고 자신감도 부족한 시절의 마음이었다.

게임 같기도 하고 달리기와도 비슷하다. 어떤 날은 시간이 정해져 있어서 다 같이 운동을 끝내지만 어떤 날은 얼마만큼 빨리하느냐에 따라 먼저 끝나는 사람과 늦게 끝나는 사람이 생긴다. 그렇다고 자기 운동이 끝났다고 먼저 집에 가는 사람은 아무도 없다. 그룹 수업이라 그런 건지, 회원끼리의 결속력이 큰 건지 마지막 한 사람이 운동을 끝낼 때까지 모두가 곁에 남아 응원을 해준다. 이것은 크로스핏의 고유한 문화이기도 하다.

내가 운동을 시작한 지 얼마 되지 않았을 때 운동을 잘 못하다 보니 다른 사람은 운동을 다 끝냈는데, 나만 끝내지 못한 적이 있다. 혼자서 몇 분은 더 걸릴 것 같아 마음이 다급해졌다. 포기하고 싶은 마음도 들었다. 그때 내 마음을 듣기라도 한 것처럼 코치가 곁에서 "얼마 안 남았어요! 조금만 더 힘내요!"라고 말해주었고, 회원들도 저마다 "파이팅!"을 외쳐주었다. 그러자 신기하게도 그들의 기대에 마땅히 응해야겠다는 마음이 솟아올라 좀 더 해볼 힘이 났다. 끝까지 내 운동을 다 하고 나자 다들 박수를 보냈다. 나는 모두의 관심을 독차지한 게 부끄럽기도 했고 끝까지 포기하지 않을 힘을 준 게 고맙기도 했다. 다들 모르는 사람들인데 아무 이유도 없이 나를 응원해 준다는 게 그저 신기했다. 그 응원을 받고 힘을 내는 내 모습도 신선한 경험이었다.

    크로스핏을 하는 곳에서 유독 에너지 넘치는 사람을 많이 만난다. 덕분에 내향인끼리만 있다면 절대 경험해 보지 못할 기운을 주고받기도 한다. 가령 근력 위주의 운동이나 기술 따위의 훈련을 할 때 성공하면 함께 기뻐하고 실패하면 함께 아쉬워한다. 본격적인 와드를 시작하기 전에는 마치 전쟁을 앞둔 전사처럼 옆에 있는 회원과 불끈 쥔 주먹을 부딪치며 파이팅을 외친다. 와드를 시작하는 타이머 소리가 울리면 여기저기서 기합 소리가 심상치 않게 들려온다. 때론 이런 기운이 과하게 느껴질 때도 있지만 별로 괘념치 않는다. 내가 그렇게 못할 뿐이지 먼저 다가와 주고 표현해 주는 마음이 사실은 운동할 때 큰 힘이 되어준다는 걸 앞서 경험했기 때문이다.

    물론 에너지 넘치는 사람이 있는가 하면 나와 비슷하게 조용한 사람들도 많다. 비슷한 사람끼리는 하는 행동도 비슷해서 파이팅을 외칠 때도 주먹을 살짝만 부딪친다. 기합도 목청껏 외치는 대신 자신만 들을 수 있을 정도로 가볍게 외친다. 모든 반응이나 호응이 에너지 넘치는 사람의 반의반 정도밖에 되지 않지만 분명 함께 소통하고 있다는 사실은 느낄 수 있다.

본격적인 운동이 시작되면 그때부터는 모두가 자신과의 싸움에만 집중한다. 들어 올리고, 뛰고, 밀고, 당기고, 버티고, 매달리면서 나의 몸이 움직이는 것에 온전히 힘을 쏟아붓는다. 크로스핏을 할 때만큼은 힘들어서 소리를 지르는 것도 부끄럽지 않다. 여기선 힘들면 힘든 티를 내도 누구도 뭐라고 하지 않는다. 크로스핏은 빠르고 강하게 움직이는 게 외향적인 느낌이 다분하지만 그것은 중요하지 않다. 중요한 건 나에게 주어진 과제를 끝까지 완수할 수 있느냐 하는 의지와 마음가짐이다.

어떤 것이 너무 좋으면 그 단어 앞에 '인생'을 붙이고, 없으면 안 되는 물건 앞에는 '애착'이라는 단어를 붙인다. 또 살면서 서로 보듬어 주고 돌봐주는 것 앞에는 '반려'라는 말을 붙인다. 인생, 애착, 반려는 모두 한곳을 향하는 단어다. 내가 좋아하는 것,

내게 필요한 것, 내게 힘을 주는 것에 붙는 단어다. 크로스핏은 내게 인생 운동이고 애착 운동이자 반려 운동이다.

더 이상 운동은 건강만을 위한 도구가 아니다. '헬시 플레저'●라는 말에서 알 수 있듯이 우리는 건강도 즐겁게 챙기게 되었다. 운동은 삶의 활력소가 되는 취미이자 한 사람의 인생을 바쳐 주는 반려가 될 수 있다. 살면서 몸과 마음을 다치는 일들은 언제 어떻게 일어날지 모르고 나만 비껴가는 경우도 없다. 그곳에 운동이 자리 잡게 되면서 조금은 더 단단해졌다고 믿는다. 몸과 마음 모두.

이 글을 읽게 될 많은 사람이 자신만의 인생, 애착, 반려 운동을 찾아 몸과 마음이 더욱 단단해지는 기쁨을 맛보길 바란다.

● 《트렌드 코리아 2022》에서 키워드로 제시한 신조어로, 건강과 다이어트의 결과를 위해 고통을 감수하기보다 그 과정 자체를 즐겁게 누리는 게 중요해짐을 나타낸다.

#크로스핏을 하면 듣는 말들

"와, 그거 엄청 빡센 운동 아니에요?"
'빡세다'는 힘들다, 고통스럽다는 말로 이어진다.
운동을 잘하지 못하면 할 수 없는 운동이라는 편견도 있다.

"그 힘든 걸 도대체 왜 하는 거에요?"
이런 말을 하는 사람들은
고통을 참아가면서까지 운동하지 않는 편이다.

어쨌든 둘 다 크로스핏하는 사람을
놀라워하고 대단하게 여겨주는 건 분명하다.

그래서 운동

#이해되지 않던 것

"샐러드가 먹고 싶어."
떡볶이, 피자, 치킨, 라면, 빵은 먹고 싶은 게 맞다.
샐러드를 먹고 싶다는 건 뭔가 크게 잘못된 말 아닌가?

"운동하고 싶어."
라는 말도 나는 할 일이 없을 줄 알았다.

예전엔 이해하지 못했던 말인데,
어느새 나는 가끔 샐러드가 먹고 싶고,
매일 운동하러 가고 싶다.

어쩌다 내가 이렇게 됐지?

그래서 운동

#소리 지르기

박스는 합법적으로 소리를 내지를 수 있는 공간이다.
고강도 방식의 운동, 크로스핏을 할 때면
몸이 힘들 때가 많아 자연스럽게 소리를 내지르게 된다.

크로스핏은 일종의 과제이며,
과제를 완수하기 위한 나와의 싸움이기도 해서
절대 지지 않겠다는 마음, 최선을 다하는 자세로 임한다.

뱃속 깊은 곳에서부터 소리를 지르면
신기하게도 힘이 나서 운동이 더 잘된다.

그래서 운동

#가장 무거운 것

공익광고협의회는 눈꺼풀이 가장 무겁다고 했고,
크로스핏 코치는 각자의 몸뚱어리가 가장 무겁다고 했다.
운동을 하면서 내 몸의 무거움을, 오롯이 견뎌낸다.

몸과 마음을 단련할 때.
'심신단련'은 단단한 내 삶에 관한 이야기를 담은 에세이 시리즈입니다.

[운동]과 심신단련

그래서 운동

초판 1쇄 인쇄 | 2023년 9월 4일
초판 1쇄 펴냄 | 2023년 9월 11일

지은이 | 이슬기
펴낸이 | 이슬기
펴낸곳 | 글이
출판등록 | 2020년 1월 7일 제 2020-000001 호
전자우편 | greebooks@kakao.com
팩시밀리 | 0504-479-8744

ⓒ 이슬기 2023
ISBN | 979-11-982522-1-0 (03810)

※ 파본이나 잘못 만들어진 책은 구입한 곳에서 바꾸어 드립니다. 이 책은 저작권법에 따라 보호받는 저작물이므로 반드시 저작권자와 글이출판 양측의 서면 동의를 받아야 합니다.
※ 글이출판은 글로 자신의 목소리를 내는 사람들의 이야기를 책으로 만듭니다. 책을 읽은 후 소감이나 의견을 전자우편으로 보내주시면 다음 창작물의 소중한 거름으로 받아들이겠습니다.